La virgen sudaca

Relato de una inmigrante sudamericana

Lolita

Lola Cristina Ochoa Villota, *La virgen sudaca*

Primera edición: octubre 2020

Facebook https://www.facebook.com/lolyta8a

ISBN-9798693067172

Imagen de la cubierta:

Rocío Hernández

DEDICATORIA

Dedico este libro a los miles de hermanos migrantes
que se encuentran lejos de su hogar y a cuantas personas se
sientan forasteros en este mundo.

A mi madre,
portal de vida
Rosita Villota

No sé cómo deberían escribir las escritoras famosas contemporáneas pero si le sirve al lector o lectora, yo le escribo con mi corazón en la mano mientras mis recuerdos se van escapando del teclado, por alguna razón corren hacia todos lados, como si huyeran de una realidad que no fue contada y que se me hace urgente con el paso de los años. Veinte para ser específica, he de llamarlos pues ya es hora de que me sirvan de testigos en forma de letras, para narrar lo que le sucedió a una inmigrante ecuatoriana que se atrevió a viajar muy joven hacia tierras europeas —al fin de cuentas— las personas suelen creer más en lo que se oculta y ha sido guardado con mucho recelo por tanto tiempo, porque todos tenemos una verdad guardada en lo más profundo del ser. Mis ángeles a veces ya cansados se han venido recostando en el olvido esperando despertar en un poema o en un *déjà vu* del destino…

Escribo para aquellos que puedan escuchar las voces de la memoria, no me enredaré tanto con la estructura —creo que el sistema ya nos ha dado muchas— ni el léxico tampoco, no usaré prepotentes figuras literarias, tal vez las necesarias. No pretendo hacer de la lectura un crucigrama. Quiero contar mi historia, sin que me haga falta ser una erudita de la retórica, anhelo más bien que mi andar se escuche y que llegue especialmente a los migrantes ecuatorianos que dejaron la Patria envuelta en harapos, y a los que se quedaron esperando en el Ecuador de hace veinte años—espero transmitirles mi historia— para que de algún modo todos podamos recuperar lo que perdimos en la mayor diáspora que nos tocó vivir a manos de un terrible y nefasto feriado bancario. Sobre todo para que nadie nos quiebre una vez más.

Fue la única opción de viajar a Europa que se me puso enfrente, aprovechar la crisis económica que empujó a miles a huir fuera del terruño, entre ellos la mejor amiga de mi madre, con quien viajé a Suiza. Profesoras ambas, afectadas por el cambio de moneda de sucre a dólar y la inflación provocada por la viveza de los bancos al robarse el dinero de las personas; muchas de las cuales se auto-desterraron con destinos en USA o Europa, contactando coyoteros o apostándole al turismo, respectivamente, para poder levantar con remesas de amargura un país carcomido por la miseria humana a comienzos del año 2000.

Lo recuerdo vívidamente, yo con mis cumplidos diecinueve quería comprarme un auto o viajar por el mundo. Mi madre me lo había ofrecido un año atrás al graduarme; nunca me gustaron las ceremonias así que por supuesto como toda madre soltera, maestra y abnegada compulsiva que ella era, cumplió lo prometido regalándome un Honda Civic del 78 que fue adquirido en 30.000 sucres, pero cuando las mutualistas e instituciones bancarias se declararon en quiebra, el pobre carro que yo alcancé a comprar con mi tío —negociante de autos—, de pronto costaba solo 1000 dólares americanos. Y 1000 dólares ya no eran nada. Todo se había devaluado. La ruina vendría a consolarnos.

Así nos enterábamos de que nuestro país se quedaba sin moneda. La cosa no pintaba nada bien—como decimos comúnmente—, había un sentimiento de confusión e impotencia en la población entera. Una raya más al tigre. Otro atributo tercermundista. Mis sueños de ser actriz, entonces, ya no se veían tan prometedores. Lo había decidido. Dejaría la universidad en el primer año. Le diría adiós a la Facu de Artes y a mis sueños de ser artista en un país roto. No sabía cuándo volvería a verla. Con los 1000 dólares compraría un boleto de avión y me iría a probar suerte en el extranjero.

Dicen que a los hijos hay que criarlos para que sean libres e independientes y mi madre manejó muy bien ese concepto. Nunca se casó. Era una rebelde poeta de izquierda. Con mi padre inexistente, que también se dedicó a ser bohemio a punta de guitarra, yo tenía de donde salir demasiado autónoma. A ella no le quedó de otra que respetar mi decisión de marcharme aunque hiciera mil preguntas:

—¿Que pasó, mijita? Te noto más triste, si te arrepientes dime. Podríamos invertir la platita en un negocio. O si es por el carrito, ya que se componga la crisis te compro otro más nuevo.

No sabía mi pobre madre que en aquel Honda destartalado, yo viví los episodios más graciosos y acalorados de una relación que duró lo que dura el capó de un carro viejo en volar por los aires cuando vas a más de cien kilómetros por hora en la carretera a Guayllabamba. El protagonista de mi agridulce pena era un artista plástico, estudiante de escultura que compartió conmigo un amor tan confuso y loco como el mismo coche que se prendía con un *switch de contacto*, y que en una ocasión nos tuvo empujándolo entre risas por horas, nos dejó varados solo porque nos olvidamos cómo prenderlo; igual que lo que nos pasó a nosotros, nos amábamos tanto, hacíamos click con todo, hablábamos de los misterios más profundos que escondían las letras de las canciones, nos atrevimos a filosofar sobre las caricias apostando nuestra suertes a un mismo camino en un futuro lleno de magia y poesía, con acordes de guitarra, vino y música. Pero las inseguridades llegaron juntamente con el apego y por más que las empujamos solamente nos olvidamos de lo más obvio: encender el amor dándonos cuenta de que no podríamos vivir el uno sin el otro. Éramos como una especie de almas gemelas.

—Mija, ¿pero tú sigues siendo virgen todavía? Irte solita es muy peligroso. Yo creí que hasta te querías casar con el chico. Tan lindos y enamorados que se les veía.

—Sí, mamá, no es por eso. Ya se acabó, él ya está con otras chicas. Además yo no voy buscando marido. Por eso me voy con tu amiga.

Y aunque no quería ni novio, ni esposo. No podía controlar mis deseos y la sociedad jamás me garantizaría un amor de por vida sin cumplir con el sacrosanto compromiso del matrimonio. Quise darle tiempo al destino, aplazar las dudas. No envenenarme más con mentiras. Él no estaba listo para hacerse cargo de mi vida, y yo ya no podía protegerlo de todas mis carencias y mis ganas de caminar junto a él de por vida. Si le permitía cruzar la línea me tendría a su antojo y éramos muy jóvenes para echarnos cadenas, culpas, bebés o cerrojos. No quería que doliera tanto su ausencia —si todo terminaba un día— así como ya venía doliendo la ausencia de mi padre desde niña. Lo quería libre, con su cabello largo y su guitarra encima. Lo que más me gustaba de él precisamente era la libertad con la que me enseñó a amar, era libre como yo había crecido, libre y andariega. Así que terminé lanzándole una mentira buena. Le dije que no lo amaba y que me iría muy pronto a Suiza para ayudar a mi madre por el asunto de la economía.

Mi madre. Mi guerrera favorita, juntó entonces lo que pudo para el pasaje, lo otro lo pidió prestado y haciéndome compras de último minuto como una salida de baño decente y unos zapatos aniñados (de marca), me enrumbó en un viaje hacia lo más profundo de los miedos, el desarraigo de todo lo que conocemos y crecimos viendo desde niños, para ir a buscar un nuevo hogar tan lejos de las montañas que siempre vi de pequeña, nuevos olores, lenguajes y vivencias... Sabiendo que ya nada volvería a ser como antes, pues los que ya se habían ido poco a poco se convertían en fantasmas que ya solo enviaban dinero, y no me avergüenza decir que yo tampoco era la misma, yo ya era un fantasma que alquilaba un cuerpo con las mentiras aprendidas en mi cabeza, de cómo debía comportarse una señorita. Quería ofrecerme de voluntaria hacia la vida, para que me despertara con sus misterios y me arrebatara de un tajo la pena que ya traía encima.

Aún la recuerdo pegadita al enrejado del aeropuerto, acordamos que se pondría un abrigo rojo para poder reconocerla entre la multitud de ecuatorianos que desfilaban sus dolores y los dejaban colgando en cada agujero de la reja, mientras los vuelos se iban llevando pedazos de cuerpos y de vida, porque había padres que dejaban wawas pequeños al cuidado de los parientes más cercanos, que se consolarían de ahora en adelante con saber que los viajeros ya irían a tener una "mejor vida". Eran almas en pena en busca de una visa de residencia. Era exactamente como la imagen del cuadro que ese amor adolescente había grabado unas semanas antes en medio pliego de papel, en el cual se me despedía porque creo que no le alcanzó el amor para comprender cuanto en verdad lo quería, le regalé lo más preciado: Mi decisión de amarnos para siempre en el recuerdo de una sola noche, libres para hacerlo en cualquier espacio del tiempo, a pesar de un mundo que nos exigía entrelazar los anillos y juntar inviernos junto con escrituras, sin mucha gloria y con una triste despedida. Después de un solo encuentro a su lado, el me escribiría en la parte inferior de su cuadro, la siguiente dedicatoria: "Para una mujer especial que nunca saldrá de mi mente, ni de mi corazón". No sé si así fue. Y nunca tuve el valor de preguntárselo. En las nubes vi dibujado un poema que martillaba la culpa:

Te digo adiós, y acaso te quiero todavía.
Quizá no he de olvidarte, pero te digo adiós.
No sé si me quisiste... No sé si te quería...
O tal vez nos quisimos demasiado los dos.

Este cariño triste, apasionado, y loco,
me lo sembré en el alma para quererte a ti.
No sé si te amé mucho... no sé si te amé poco;
pero sí sé que nunca volveré a amar así.

Me queda tu sonrisa dormida en mi recuerdo,
y el corazón me dice que no te olvidaré;
pero, al quedarme solo, sabiendo que te pierdo,
tal vez empiezo a amarte como jamás te amé.

Te digo adiós, y acaso, con esta despedida,
mi más hermoso sueño muere dentro de mí...
Pero te digo adiós, para toda la vida,
aunque toda la vida siga pensando en ti.

José Angel Buesa
Poeta cubano

I

Pie de atleta

Era yo una sudaca —pero aún no lo sabía— recién arribada de Quito. Después de una breve escala en Madrid, habíamos llegado al aeropuerto de Lyon en Francia cuando un oficial joven que le ponía el sellito a los pasaportes en la ventanilla de llegada, vio mis grandes senos, y se animó rápidamente a preguntar por mi nombre; ni se imaginaría que gracias al tamaño y belleza de esa peculiar parte del cuerpo que toda mujer posee, años más tarde hasta le harían una novela en Colombia y todo el mundo hablaría de un paraíso inexistente sin ellos... Y también afirmarían, desde luego, que si provenían de Sudamérica de seguro serían siliconados, tan provocativos y forzados como los sueños que todo emigrante lleva en su maleta. Muy seguramente con el transcurso de los años, los oficiales comenzarían también a asociarlos con ese polvito blanco (que no es para los pies) llamado comúnmente droga, y que fue y sigue siendo el terror de todas las oficinas aduaneras en Europa.

Y sí, era yo de grandes senos orgullosamente bien hechos por la genética heredada a mi madre mestiza por parte de mi abuelo colombiano, así naturalita y sin retoque atraía más de una mirada, ellos tan coquetos se exhibían por debajo de una blusa con un atrevido escote

10

comprada el día anterior a carreras en el mercado Ipiales en pleno centro de la capital ecuatoriana. No disimulaba para nada la emoción que el oficial y este pechito latino sentíamos en ese momento el uno por el otro, él al verlos y yo al verlo a él tan interesado en descifrar mi cuerpo. Mi cuerpo de mediana estatura que tenía curvas por todos lados y acordes afinados como una buena guitarra, lista para acompañar el canto. Él en cambio era un suco (rubio) alto con ojos verdes cielo y un acento español extraño, apacible, calmo, sereno. Mi corazón me decía que de ese control saldría enamorada tragándome suspiros por cuanto francés viera, pero tranquila... Después de todo era una niña jugando a ser mujer. Tenía todas las hormonas completamente desquiciadas y el entusiasmo a flor de piel.

Entonces el oficial, mirando el pasaporte me dijo:

—Lo… la Cristina, yo pueda hablar español poco, ¿viene de España?

—Sí, señor. Allí hicimos la primera escala, pero aunque hablo español yo soy sudamericana.

El muchacho, como disimulando su risa coqueta, me da a entender que por supuesto él sabía que yo no era española, lo decía mi pasaporte: ecuatoriana. Me dije a mí misma: "qué tonta", mientras él continuaba con las preguntas:

—¿Y a qué viene a Francia?

—De turista —respondí, y tragué saliva.

Le eché una sonrisa de vuelta. La sonrisa de una mujer nunca falla, si encima una mira al piso y se muestra ruborizada. Y mientras me devolvía el documento, repitió:

—Lo… la, me gusta ese nombre.

—A mí me gusta más si me dicen Lolita, le respondí

Así, pequeña, imperceptible, diminuta. Cómo queriendo pasar desapercibida. Así hablamos en Quito, con cariño, y aunque la verdad no hubiese importado cómo él lo dijera, a mi me gustó su acento, su gentileza, su forma cercana y respetuosa de conectar con otra cultura diferente a la suya. Mientras me alejaba, miré de reojo a sus claros ojos.

—Gracias—le dije, mientras agarraba mi sonrisa de vuelta (que era otro de mis atributos que en mi humilde opinión enamoraban a cualquiera).

Y recordé que muchos ecuatorianos resultaban siendo deportados solo por no tener la pinta de turistas; me sentí como no debiera haberme sentido: confiada, formando parte de un mundo que no conocía todavía.

¡Era verdad! Lo habíamos conseguido, habíamos llegado a Lyon, la segunda parada. Según el itinerario turístico, que explicaba que pasaríamos de Lyon a Italia pero que ni en broma debíamos mencionar Suiza, el destino final que nos esperaba a mí y a mi compañera de viaje, con quien había compartido las últimas catorce horas junto con sus dos pequeños hijos. Estábamos las dos emocionadas, ella tenía a su esposo que hacía un año había llegado a Ginebra, al cual le tocó vivir toda clase de suertes; como dormir en las bancas de los parques al terminarse el plazo de dos semanas como turista. De profesión contador, cuando consiguió trabajo de chef, enseguida contrató una especie de coyote europeo que debía esperarnos en el aeropuerto listo para cruzarnos al otro lado. Al recoger las maletas, fuimos los últimos en salir, como un mal presagio. Un muchacho alto de veinticinco años se nos acercó y hablándonos en español pero con un acento colombiano nos dijo:

—Síganme, el auto está aparcado de este lado.

Había unos oficiales en la puerta de salida que se nos quedaron mirando haciéndose señas con la mirada. Nosotros seguimos al joven guía sin desconfiar de nuestros pasos. Recuerdo que apenas pusimos las maletas en la cajuela de un carro blanco, nos rodearon como ocho agentes todos hablando en francés, unos apuntando al muchacho y otros gritándonos. Nos llevaron a nosotras de un lado, los niños con una agente de inmigración se quedaron sentados afuera, al tal coyote lo perdimos de vista y en mi cabeza no podía entender en qué era precisamente en lo que nos habíamos equivocado. Nos abrieron las maletas y comenzó el interrogatorio, con un español del carajo pasaba yo de agente en agente contestando lo mismo acerca del bendito itinerario, y el paquete turístico ya mencionado: Quito-Madrid-Lyon-Roma. ¿Por qué Lyon y no Barcelona?, ¿por qué no tomar un tren desde París para entrar a Italia?

A un punto se me acerca un oficial que tampoco pudo ignorar el escote que llevaba puesto, tenía un bigote y se parecía mucho a Mario Bross, pues no era tan alto de estatura; acariciándose el mostacho se acercó amigablemente y me dijo:

—¿Sabes que puedes regresar hoy mismo a tu casa?

Le pregunté que si hablaba inglés porque no le estaba entendiendo a qué se refería específicamente.

—Yo no he hecho nada malo —respondí, por no decirle ¿acaso es pecado venir soñando?—. Quiero conocer Roma, para allá vamos.

Dentro de mi cabeza ni yo me creía el porqué no visitar París si estás en Francia, ¿por qué escoger Lyon? ¿Por qué el muchacho si era suizo hablaba como colombiano? Tantas preguntas había en mi cabeza, pero me esforzaba por mantener la coherencia.

—*Is him your boyfriend? Do you know about cocaine?*—me pregunta entonces el oficial.

La parte que me quedó completamente confusa fue si nos iban a hacer una placa para detectar drogas, tomar laxantes o de plano un lavado de barriga, abría yo mis ojos con cada opción dada... pero entonces vino lo complicado. Mientras a mi compañera de viaje le escudriñaban las valijas, a mí este señor suavemente me tomó del brazo y me condujo por un corredor. Cuando una de las oficiales le movió la cabeza para unírsenos mientras se nos venía acercando, él le dijo en francés algo y haciendo un gesto con la mano para que se detuviera le dio a entender que yo quería confesarle algo, en privado. No lo entendí por sus palabras pero sí por la tranquilidad con la que me iba llevando sin que nadie se opusiera. Entendí que él era superior en rango a ella y que al ser yo la que estaba en problemas, me tenía en sus manos y que de pronto querría tan solo ayudarnos. Me dije a mí misma: "Bueno, estoy en un país europeo, en mis maletas no hay más que disculpas por mentir en cuanto a lo de ser turista, pero aquí en todos lados hay cámaras, no me podría pasar nada. Tranquila".

Una vez que cerró la puerta de una oficina dividida por una pequeña cortina —como nosotros diríamos— volvió a hablarme "puras tonterías" a lo que seguidamente me dijo que me veía muy asustada y que quería solamente ayudarme; me preguntó entonces si necesitaba un abrazo. Todo eso fue tan rápido que cuando entre señas se me fue acercando, le alcance a poner un límite con mis manos y le dije que no, que no necesitaba abrazos. Él me dijo en mitad francés, mitad español y mitad renegando:

—Sabemos que vienen de paso, o se van a Suiza o se van a quedar en Italia, mentir en eso no es tan malo. Pero si traen drogas se van a la cárcel. Quiero ayudarte. ¿Entiendes?

Con mi cabeza, asentí preocupada; pero realmente no entendía nada. Él me tomó de la barbilla y quiso besarme, retrocedí asustada y mirándole a los ojos le dije:

—¿Tienes hijos? ¿Hija, *daughter*?

Clavándome la mirada no pronunció más palabra alguna y se dio media vuelta para abrirme la puerta. Solamente se despidió diciéndome:

—*Va-t'en sudaquia.*

Fue la primera vez que escuché esa palabra y encima mal dicha, y me sentí realmente rechazada por alguien a quien en mi país ya le habría lanzado un par de insultos, si no una cachetada. ¡Pero qué inclusivo me salió don Mario al querer aprender a ofender en otro idioma! ¡Sudaca! Estaba molesta y quise buscar a alguien para contarle lo sucedido.

Pero en ese momento todo me sonó tan relativo, ¿Por qué no me tocó el joven oficial apuesto? ¿Sería él también capaz de llamarme con la expresión "sudaca"? Años más tarde comprendí dos cosas: es verdad que las mujeres toleramos mejor el acoso de un hombre que no es feo, pero también nos damos cuenta fácilmente que si tal hombre necesitase ejercer su superioridad sobre la mujer para supuestamente "conquistarla" aprovechándose de sus circunstancias, ese varón no solo carecería de hombría sino de mucho ingenio.

Volviendo al corredor—ya sola—,donde mis maletas ultrajadas eran violentadas conjuntamente con mis derechos, ante mis pupilas ya sumisas, que solo describían lo que mi corazón sentía en ese mini atropello; mis trapos ya desfilaban solo su cobardía expuestos a todos esos agentes y hasta de repente un par de fotografías escondidas en las suelas de unos zapatos tenis saltaron como recordándome que yo tenía una vida y que ya no sería nunca más la misma joven risueña cuando regresara. Que ahora mis decisiones le pertenecían a otro continente con sus reglas y sus leyes parcializadas. La carta de mi amigo artista Pluma, en la cual me despedía para no verme por un largo tiempo, derrochaba creatividad y talento pero temblaba haciéndole compañía a la cámara fotográfica, que no pudo siquiera imaginarse que ese viaje no era para conocer lugares y hacer turismo sino para ser empeñada junto con los dos anillos de oro y una cadenita que me dio mi madre (en caso de emergencia), por si no podía encontrar un trabajo muy rápido. Los ojos se me llenaron de agua, y como una niña malcriada pensé que les diría:

"Soy de clase media tirando a pobre, lo sé, lo que ven allí de marca lo compré ayer porque quería verme como alguien que viaja, es la primera vez que me subo a un avión y mi apellido no le pertenece a la gente que comúnmente sale a pasear desde mi país al extranjero, soy parte de un millar de hijos bastardos de la madre España que retornan como pidiéndole con ruegos les dé posada o consuelo. Tengo personas a las cuales pertenezco sin necesitar de una visa o un permiso, tengo mis sitios favoritos, lugares paradisiacos a pocas horas de distancia, canciones y pasillos que escuchamos como himnos desde la infancia, mi comida favorita tatuada con sabores milenarios que vienen desde que los patentó la misma *Pachamama*, y mi delito no es otro que soñar despierta con un mejor mañana".

No era una rica dama —lo sabía— pero tampoco merecía una cirugía de estómago por no serlo. Imaginé callada que llegaría un día en que dejemos de venir a estas tierras pidiendo trabajo (como pidiendo limosna), cuando en nuestros gobiernos existan líderes capaces de fajarse ante el abuso y la explotación indiscriminada de las grandes potencias sobre nuestros recursos. Así no causaríamos tantas molestias. Cuando nuestras escuelas, hospitales y bibliotecas se parezcan en algo a las películas americanas que consumimos viendo desde niños y no tengamos que renegar del color de nuestra piel para encajar en mundos aparentemente libres de corrupción y de abuso. Pensé que tal vez terminaría el discurso diciendo: "Quiero un abogado, por favor, llamen a mi consulado" aun sabiendo que poco les interesaría mi situación, mis delirios o mis posibles quejas vanguardistas.

Pues de haber hablado tampoco hubiera conseguido mejor resultado, no todos entendían español, además como toda fuerza de control, por supuesto, no estaban allí para entender sino para cumplir órdenes, ejecutar el trabajo de seguir hurgando y desnudando nuestros miedos y complejos para ver si así dejábamos de venir a sus territorios para llenar de hijos extranjeros sus pueblos. Aunque sepamos a voces que Europa es un continente "lleno de viejos", que invita al migrante a crecer su economía, como todo doble discurso derechista que necesita apoyarse en dejar abierta sus fronteras pero al mismo tiempo infundirnos miedo para seguir un juego que tiene al mundo de cabeza.

De pronto escuchamos:

—*Que c'est?*—"Qué es esto", en francés.

Refiriéndose a un frasco de vidrio opaco y de color marrón que albergaba misteriosamente un líquido turbio. Todos miraron hacia mi compañera de viaje esperando una respuesta.

—Es para el pie de atleta —respondió ella.

Todos, esta vez yo incluida, nos miramos las caras. Ninguno entendió ni en francés ni en inglés de lo que se trataba; mientras ella preocupada se cogía la cabeza, una risa contagiosa se me fue saliendo de a poco mientras con mímicas y traducciones intentaba explicarles de lo que se trataba la bendita poción, pues yo simulaba correr de un lado a otro para explicar la parte de lo de "atleta" oliendo mis pies y haciendo muecas, sin que ninguno de ellos me entendiera; estaba riéndome de mí misma imaginándome contándoles esa historia a todos de vuelta y lo terrible que iba a ser regresar para pagar la deuda de un viaje que estaba tan pronto llegando a su fin; esa iba siendo mi suerte hasta que de pronto escuché una voz que me llamaba:

—¡Lo…la! —mientras veo venir a mi ángel de ojos verdes.

El agente que había revisado mi pasaporte se acercaba terminado su turno, dirigiéndose a las oficinas del aeropuerto. Le pregunta en francés a otro colega, y viéndome como se mira a alguien con absoluta pena, me pregunta:

—¿Qué pasó?

Tengo que reconocer que su acento me sonaba esta vez a poema.

—Es una confusión, no hemos hecho nada —le contesté—. Ese líquido es para los hongos, para el pie de atleta.

Abrió los ojos como entendiendo y les dice en francés de qué se trata. Se la llevaron esta vez a mi amiga junto con la agüita misteriosa y a los dos niños con sus pequeñas maletas. El muchacho, como confundido mirando a los niños, me dice:

—¿Todos son turistas?

Una cosa es sentirte ruborizada por recibir halagos de alguien que te gusta y otra muy diferente es sentir vergüenza porque sabes que estás siendo humillada —sin querer queriendo— por tu condición de extranjera. Que ya iba de a poco también, de paso, ubicándome en el sistema. Quise mentirle para defender lo poco de dignidad que me quedaba.

—Mi amiga se ha divorciado y solo quiere viajar, yo le ayudo a cuidar a sus hijos. En verdad, hemos venido a hacer turismo.

Me sonríe como creyéndome a medias y me dice:

—¿Por qué no te quedaste en España? Allí dicen que hay mucho trabajo.

—Porque mi amiga quiere conocer a alguien que le ha invitado desde Italia, ella es profesora... ¿para qué querría venir una maestra a quedarse a vivir en España?

Un silencio profundo de pronto golpeó mi propia voz respondiéndome a mí misma en segundos: "Eso es exactamente lo que debíamos de habernos preguntado antes de salir de nuestra patria". ¿Qué venían a hacer profesores, contadores y muchas madres dejando a sus hijos, a los cuales de pronto volverían a ver después de interminables años de espera, confiados en la promesa dibujada en un itinerario que nos ofrecía mágicamente ser tratados como gente? La mitad profesionales y los otros inmigrantes endeudados, nos aventuramos a aprender otro idioma y realizar trabajos "diferentes", que no haríamos en nuestros países ni en broma. Aquel silencio profundo le siguió al silencio del oficial, que con sus ojos sanos se despedía de mi vista para siempre; entendí que esa era la última ocasión en la que sería tratada como turista, la mirada de los europeos a partir de entonces siempre sería la misma: desconfianza, pena o envidia si por suerte conseguía "robarme" un empleo que bien pudiera haber sido para ellos, como niñera, cajera o mesera. Nunca de artista. Tampoco tuve tan buena suerte.

Iríamos despertando a la realidad transcurridos los meses, porque al final nos permitieron el paso, no encontraron nada y no fue necesario escanearnos el cuerpo. El muchacho que nos recogió era de madre colombiana y padre alemán y era alguien que había pasado al otro lado a "muchos turistas", muchas veces, siempre bajo los ojos de muchos agentes. Esperando la madrugada en la frontera franco-suiza para pasarnos, a todos nosotros, los sudamericanos que veníamos como mulas—no de drogas, sino de carga— a dejar el fruto de nuestro esfuerzo en otras tierras; el asunto para los franceses era mejor si solo nos veían de paso, así el problema sería del vecino país de al lado.

Todos lo sabían, en cada frontera y control, lo que buscaban realmente era droga, obviamente no la encontraron. Porque como dirían en Sudamérica, yo era hija de mami, "pobre pero honrada". Salimos libres de toda culpa porque entonces no se justificaría de otra manera que una profesora tan pulcra y perfumada que iba solo de turismo por dos semanas a las Europas cargase en la maleta de los pequeños no solo una, sino tres botellas del milagroso líquido que mataría los hongos de los pies de su esposo, por un largo tiempo, puesto que en las farmacias suizas las cremas tópicas vendidas sin receta ya no le hacían efecto alguno. Al ser indocumentado debía conformarse con el trato y aceptar su suerte.

Tal vez sus pies querían ir muriendo primero, en señal de rechazo; cansados de arrastrar los pasos deambulados sobre un espacio extraño. Buscando algo nuevo—siempre menos ajeno—a qué poder llamarle hogar. Tal vez lo irían encontrando en los meses siguientes o con el pasar de los años. Con el uso de aquella pócima secreta quizá encontrarían el valor de un atleta para correr de regreso a casa. O a lo mejor esos pies aprenderían a ser mejor tratados vistiendo caras zapatillas deportivas de marcas Reebok o Nike originales. Caminando y pagando por la novedad de ver cada huella impresa dejada en la nieve o haciendo sonar hojas secas cuando los árboles en otoño le muestran al humano con su sabiduría, que no existe la palabra eternidad para nadie, ni siquiera para los ciudadanos nacidos en aquel lugar del mundo.

En aquel nuevo territorio descubierto, no habría más carnavales de alegría, ni añitos viejos de quienes despedirse al final de cada grupo de meses, que más bien parecían condenas perpetuas de prosperidad, en las cuales no habría como compartir una mesa elegante en navidad con los familiares, con la tía amorosa o con los abuelitos. Un sitio tan lejano de nuestro despertar diario, porque por más fluido que nos resulte el nuevo idioma aprendido, cuando soñamos lo hacemos en los fonemas que escuchamos de nuestra madre, en las malas palabras con las que nos escandalizábamos siendo niños y que representan un ancla para no perder la identidad de nuestros primeros años. Y que usamos maldiciendo para no despertar al inconsciente, que a veces no entiende porque permanecemos tan lejos. Un lugar y nuevos acentos a los que uno debería acostumbrarse tarde o temprano, para engañar a la memoria y continuar hacia el éxito. Un éxito ambiguo que a veces nos trae más amor propio que llanto y que solo el inmigrante entiende. Porque aquel lugar que con esperanzas sentiríamos nuestro muy pronto…a veces no es tan pronto… a lo mejor no lo es nunca.

II

Geneve

—Excusez-moi, parlez-vous espagnol s'il vous plaît?

"Disculpe, ¿usted habla español por favor?". Era la octava llamada que había hecho ese día, las tres respuestas anteriores me habían contestado con un "non" seguido de colgarme el teléfono enseguida. Me habían escrito aquella frase en un sobre, el día que fui a enviarle el dinero de vuelta a mi madre, aquel que utilicé como "bolsa de viaje", un dinero que necesitaba demostrar para justificar los gastos en un hotel como turista. Un dinero con el que ella se había endeudado y que por supuesto sabía que al pagar esos 1200 euros, ya no había vuelta atrás, debía conseguir un trabajo a como diera lugar, pues el boleto de vuelta también se vencería pronto. Habían pasado ya dos semanas desde que llegamos a Geneve en la Suiza francesa. Con la frase en mano y junto con el periódico del domingo, usando la sección de los anuncios, compré una tarjeta de llamadas internacional y otra para llamadas locales. Debía cambiar de cabina cada veinte minutos porque si por algún motivo la policía se diera cuenta de que había una extranjera que se demoraba mucho en el teléfono público, podrían notar que yo era una inmigrante ilegal y podían detenerme sin poder avisarle a nadie de mi detención pues pondría en riesgo a las personas con las que vivía.

Afortunadamente, al octavo intento me contestaron:

—Sí, hablo español.

—Gracias, señora —respondí enseguida—. Mire, he llamado por el anuncio de niñera.

—¿Cuántos años tienes y dónde vives?

Supe desde ese momento que esa era mi estrella, la suerte estaba de mi lado, me acordé de mi profesor de teatro cuando me decía: "Tienes el ángel cuando entras al escenario".

Me contrataron a los dos días siguientes para cuidar de tres niños y sus mascotas. Me instalé en el pequeño ático de una mansión ubicada a las afueras de la ciudad, que alcanzaba el área de una manzana entera. La propiedad disponía de árboles frutales y una pequeña casa en donde vivía la mucama italiana junto con su familia. Era el mini palacio de un millonario banquero suizo que se encontraba en pleno proceso de divorcio de una hermosa mujer griega, que aunque debía estar por sus cuarentas simulaba las esculturas de Venus, alta y esbelta con unos grandes ojos azules que parecían hablar de ella como las olas del Mediterráneo hablarían de sus tierras. Era una mujer muy refinada. Su nombre la describía toda entera: Achlys, diosa de la niebla. No se veía con exactitud su alma pero era bella.

Habría un ama de llaves española de nombre Carmen, que se encargaría de explicarme todo, un jardinero alemán que no hablaba con nadie, el chofer de los pequeños que nunca supe de que país de medio oriente era y la señora italiana que me hablaba en francés muy rápido, venía a hacer el aseo todas las mañanas, aspiraba, hacía baños y pisos dos veces por semana. Yo me encargaría de hacer camas y de lavar la ropa de los niños, pues no usaban uniforme pero sí que gastaban muchas mudas, después de todo eran varones. Mimados, traviesos y ocurridos. El mayor tenía once y el segundo ocho años. Afortunadamente las lavadoras y la secadora cumplían bien su trabajo.

Mi vida como niñera la resumo en esta carta que escribí a la única persona que tenía en la cabeza entonces, bueno, aparte de mi adorada madre a quien llamaba sacrosantamente cada domingo.

"Te escribo desde Geneve, aquí en la Suiza francesa, al parecer hay tres de ellas y las dividen por los países que le quedan cerca, estoy tratando muy duro de aprender francés, menos mal que no fui a parar a Lausanne donde se habla alemán. Estoy viviendo y trabajando en una mansión antigua que tiene doce habitaciones y tres pisos, una sala para tocar el piano, una biblioteca, una cocina comedor que tiene el tamaño de toda la planta baja de mi casa, un cuarto de planchado y lavado que abarca todo el 'sótano', allí hay una grabadora viejita donde escucho el casete que me regalaste de Silvio; el cuarto que me dieron queda en el tercer nivel, en el ático. ¿Te imaginas? es un mini palacio de ensueño que tiene cinco baños, dos de ellos con su tina; tengo el mío propio, aunque comparto ducha con la pequeña Nina. Una hermosa niña de cuatro años que habla cinco idiomas diferentes, toca el piano y me corretea por toda la mansión persiguiéndome con su conejo en los brazos y luego se sienta en las gradas que dan al sótano mientras yo le narro cuentos en español y plancho su ropa.

Todas las mañanas me sucede algo extraño con unos graciosos cuervos que me vienen a despertar... al principio me provocaron miedo pero poco a poco entendí que ellos sentían la misma curiosidad por mí, no habían visto otras *nannies* de Sudamérica por aquí; y es que en la pequeña habitación hay una diminuta ventana que si se abre da al tejado. Tú, que eres alto, te habrías ya golpeado la cabeza.

Por ese mismo huequito de luz se ven asomar de pronto dos sombras negras minutos antes de que suene mi alarma, se limpian el pico tocando la ventana, apenas abro yo mis ojos y allí está uno de ellos clavándome la mirada, cuando llegué estaba más concentrada en aprender la rutina y apenas los veía salía corriendo del susto, ahora que la casa se ha quedado inmensamente sola, disfruto cada día de su tenue y obscura presencia. Es por eso también que he tenido mucho tiempo para platicar con tu sombra.

"Ya te contaré en otra carta por qué es que me he quedado sola cuidando dos canarios, cinco peces y dos conejos...Ellos y Tunkue, el perro —un gran labrador negro— se han convertido en mi única compañía. Hay ocasiones en que les hablo en francés a todos, así voy practicando los acentos. A mis cuervos les hablo en español, con ellos no necesito aflojar la lengua, con ellos me siento como Cenicienta esperando a ver si de paso cambia mágicamente mi suerte, qué tal me confeccionan un vestido o me transforman una calabaza en carruaje y... bueno, luego recuerdo que tú eres mi príncipe, y que tendré que esperarme para terminar el cuento porque estás muy lejos... y no quisiera yo apurarte pero...

¿Has pensado en venir por mí? Bueno, si vas a Roma a visitar las obras de arte, ¿podrías al menos venir a buscarme...? ¿O sientes aún rencor...? Digo, por algo no impediste mi viaje y me dejaste partir sabiendo que te quiero... ¿o será que nunca te diste cuenta de ese pequeño detalle..? Yo también siento que te amo...te dije una mentira y lo sabes... Tal vez siempre lo supiste pero prefieres no confesártelo a ti mismo. ¿Verdad?

"Te entiendo. Pensé que te olvidaría pronto pero apenas llegué intenté escribirte o llamarte antes para contarte cómo pasamos de Francia a Suiza y cómo nos detuvieron en el aeropuerto, ¡fue delirante! Te extraño, desearía haberte hablado cuando pude, pero: *"dicen que cuando un silencio aparecía entre dos, era que pasaba un ángel que les robaba la voz"* ya ves quise aclararte y confesarte el porqué de mis miedos, pero sé que ellos escuchan todo y les encanta fastidiarnos y robarnos los sueños... lo sé yo muy bien porque desde pequeña llevo lidiando con ellos... creo que me han seguido metidos en la maleta, debo disimular el hecho de que te estoy pensando demasiado... no les gusta compartir misterios, y en esta casa hay mucho de aquello.

"¿Sabías que hace dos meses cumplí los veinte? Ese día de mi cumpleaños, fui a ver a la amiga de mi mamá para salir juntas, después me detuve en un locutorio para hablar con mi viejita, compré unos cigarrillos alargados mentolados, la saludé y le conté todo esto que ahora te comento, luego marqué tu número, pero no entraba la llamada... Así que sí quise llamarte, no encontré el valor para hacerlo, un buen pretexto fue que los minutos se me acabaron... o tal vez solo se apoderó de mí el miedo. Creo que debo confesarte que ese 'siento que te amo' que me escribiste en la tarjetita del perro cachetón que me regalaste en Navidad, se convirtió para mí en un 'siento miedo de soltar tu mano, me estoy acostumbrando muy rápido a tu cariño'. Tenía terror a la idea de perderte y al final creo que lo hice…, debería ya reconocerlo.

"Lo malo de las cartas de amor es que llegan siempre tarde o nunca encuentran su camino. Será que nos encargamos precisamente de huir muy lejos para expresar lo que sentimos. Tal vez esta carta llegue muy tarde a tu encuentro, ¿quién sabe? Sin embargo te escribo porque es fácil para mí hacerlo contigo, —todo de hecho—, es como si nunca te hubieses ido de mí. Pensando en ti las palabras solo fluyen, como si ya te conociera de otras vidas. Siento que si te estoy esperando desde siempre, podría hacerlo un poquito más. Aunque honestamente hubiese sido terrible hablarte aquel día, —el de mi cumpleaños—, porque después de soplar una vela improvisada en un *pancake* de chocolate y para no incomodarles con mi visita, brevemente tuve que salir de la casa de la dichosa amiga, que hasta ahora no entiende junto con su esposo qué hace una chica tan jovencita 'virgen' ganándose la vida como migrante aquí en la costosa Suiza. Qué deprimente suena, ¿verdad? Con tantos pelirrojos que me persiguen, piensan ellos que lo más fácil sería que me consiga uno de esos para novio y así me componga la vida. La verdad es que la cuestión no estaría tan dura, ponerle precio a la piel y ofrecerme, pero no es lo mío. Lo mío es más de alquimia. Estos muchachos que son más altos que tú y tal vez se vean muy guapos con sus ojos verdes o celestes, precisamente me recuerdan que no son como tú... ni la profundidad que yo encontré en tu alma —y lo de la virginidad—, bueno, los dos sabemos que aunque la idea fuera mía, tú fuiste el único en despertar en mí toda esa inquietud por vez primera. Creo precisamente que fue por la ternura y complicidad con la que podríamos quedarnos a charlas horas enteras. O por el perro cachetón, *Eyito* el gato y el sobrenombre de *Kikita* que me ponías para recordar que cosí un *sweter* yo misma con una manga más larga que la otra.

"Yo aún no sé qué es lo que estoy buscando todavía, igual que tú amo sentirme libre, quizás solo busco alejarme de todo lo que viví siendo niña con el abandono de mi padre. Cumplir años sola me hizo sentir más adulta, ¿sabes?. Me va agradando cada vez más mi propia vida, sin dioses, ni culpas, ni remordimientos, ni disculpas... bueno, tal vez esta sea la única vez que te ofrezca una. En fin, el motivo de esta carta en sí, es contarte que ya encontré por fin a nuestro ángel; ese que se roba las voces de los amores cobardes, el mismo que describió Silvio en una de sus canciones de trova asesinas. A ese mismo ángel, lo agarré de las alitas y le obligué a confesarlo todo...

"Después de caminar sola por más de tres horas. Fui al lugar más visitado de esta ciudad el 'Lac Leman', que tiene unos cisnes hermosos y un torrente de agua que se dispara a cien metros de altura. Me senté en una banca para fumarme el mentolado frente al dichoso lago, pensé en lo mucho que me gustaba ese tipo de cigarrillos, tan suave el humo que entra y me ayuda a tragarme las palabras que quisiera gritarle a un mundo que me exige ser buena. Mientras meditaba sobre mi supuesta inocencia intacta, mis ojos se quedaron suspendidos en no sé qué instante de mi vida, saqué mi libreta para repasar las frases que tenía que decir en francés para pedir esos mismos cigarrillos al musulmán del locutorio, creo que aún no se me entiende lo suficiente, porque no paraba de mirarme los labios cuando he preguntado por ellos. Por no decir que parece que quiere arrancarme a mordiscos toda la boca. No sé por qué les atrae tanto ver a una chica con rasgos latinos andando sola. O tal vez que compre cigarros, no sé si es eso lo que les atrae, fastidia o asombra.

"Como ves tengo mucho de qué preocuparme, pero me he puesto hoy solo a recordarte y decidí comenzar esta carta allí en medio de una pequeña callejuelita en donde están todos los famosos restaurantes, relojerías y bancos más prestigiosos de Ginebra; allí, enfrente de un señor muy extraño con muchas copas de cristal. De pronto y sin percatarme ni de dónde, ni por qué, fueron saliendo una por una sus delicadas doncellas hasta completar una mesa llena de ellas, acomodadas con cariño y precisión, mientras las personas se fueron acercando, unas más ansiosas que otras para irse ganando un puesto, algunas pedían y traían sillas de los cafés vecinos, y yo que pensaba que en algún momento el señor de las copas empezaría a repartir vino,—por supuesto, yo ni tonta— no dejé mi sitio. Cuando se sintió rodeado de suficiente gente fue poniendo en los delicados recipientes diferentes cantidades de agua, ¡Qué extraño, solo agua! yo me sentía abrumada pues quedé justo en el medio de muchas personas. El señor me miraba de tanto en tanto, creo que se dio cuenta que yo no tenía idea alguna de lo que iría a suceder allí. Y de pronto para mi completo asombro empezaron a sonar las más profundas notas desde sus dedos mojados, que al ir entrando en contacto con las copas invocaron con las más bellas melodías el alma de Bach, de Beethoven y de Mozart; y a los mismos ángeles que saliendo de dos en dos de cada copa vinieron a sentarse junto al público en aquel concierto improvisado. No había más ruido, ni más voces, ni más risas. Solo las copas abriendo con su bisturí afilado el corazón de los oyentes que estaban como hipnotizados. Fue tan mágico y tan peculiar ese encuentro, que tengo hasta pensado escribir una historia... se llamará *El ángel que se escapó de tu boca*, porque me recordó a nuestra única noche, sublime y misteriosa. En la que intercambiamos versos con fluidos. Miedos y gemidos. Silencios y... ¿Sabes qué? Los dos perdimos...

"En fin, lo comprendí todo de algún modo, en aquel preciso momento en el que el *Hada del azúcar* de Tchaikovsky desde la canción del *Cascanueces*, nos contó al oído que cada vez que el señor de las copas las toca, permite que los ángeles hagan contacto con los humanos, allí en esa pequeña especie de plaza. Lo hace para liberar los sentimientos de sus cárceles y enviar mensajes de amor a quienes ya no creen en ese tal *Cupido*, o a quienes como yo vienen buscándose a sí mismos dejando su alma tan lejos de casa. Lo hace con las notas que no necesitan un idioma en particular. Entregando razones y porqués a los seres amados que ya no pueden volver a ver. Todas las personas recibieron el mensaje según sus circunstancias hasta que las melodías se fueron apagando junto con el atardecer y el suave aleteo de los angelicales seres, alejándose también. Al parecer mi mensaje no había llegado porque yo no tenía ningún ser amado muerto, pero no sé si fue porque te estaba escribiendo que sentí que te me estabas despidiendo. Tal vez ya me estas olvidando.

”Muchos se acercaron a comprar los CDs apenas culminó la música, se vendían y se vendían como si fueran empanadas calientes, mientras yo seguía esperando que mi ángel se asomase y al menos me dijera algo...Toda la gente que coincidió conmigo para mi cumpleaños se estaba retirando por completo, y Yo, que fui la primera en sentarse y la última en no querer marcharse, no pude amarrar las lágrimas a tiempo y para disimularlo quise terminar de escribirte pronto, hasta que el señor de las copas se dio cuenta de mi tristeza y hasta se compadeció de mi suerte puesto que después de secar y guardar delicadamente a cada una de sus doncellas de vidrio; se me acercó y firmándome un CD me lo ofreció diciéndome algo en francés con un acento polaco, que por supuesto no entendí, pero en sus ojos solo vi la tristeza suficiente como para comprenderlo todo. Creo que el lenguaje del amor solo se habla con la mirada, en una calle europea abandonada y a una hora determinada. No hay cosa más patética en el mundo que sentir pena de uno mismo. Lo tomé como un conjuro y le sonreí sin ganas mientras miraba que ningún policía se diera cuenta... fue tan notorio el gesto y no quería levantar sospechas.

"La verdad no me quería ir porque no tenía a dónde; bueno, tenía lugares hermosos en los jardines de mi mente traviesa, pero cuando quise levantar mis pasos con todas mis posibles quejas y junto con esta vida gitana que me fue otorgada, opté a regañadientes por sentarme nuevamente y abrir el CD de una vez por todas: tu ángel salió disparado, le apreté como pude las dos alas y sentándolo enseguida a mi lado me confesó que fue él mismo que me saló la maleta en el aeropuerto de Lyon, para que me devolvieran pronto a casa. Estaba muy molesto conmigo por haber echado a perder todo entre nosotros con esa carta tan absurda, en donde te decía que no te amaba. Me contó como tu corazón y el mío jamás se separarían, porque fueron unidos por un hilo rojo desde otras existencias por alguna Fuente Divina, demasiada aventurera que nos dio ya mucha tregua y que amenaza con exiliarnos de la tierra por orgullosos y testarudos. Pobre ángel, prefirió dejarnos mudos, recibió la misión de juntarnos poniendo el silencio en nuestras bocas solo para volver a unirnos algún día, aunque infelizmente él cree que tal vez esto le quede más fácil para la próxima vida. No quise escucharlo más de las iras.

"Metí al ángel de cabeza en mi cartera junto a la tarjeta telefónica ,ya sin minutos, que me recordaba tanto a nuestra historia, mientras le advertía que tendría que confesarte el mismo lo que le había hecho a nuestra cobardía, pero desde adentro se le escuchaba cantar: *'los amores cobardes no llegan a amores ni a historias se quedan allí'* y así fue que terminé esta carta en la misma libreta en la que anoto las oraciones en francés que me debo aprender una a una a fuerza. En una de las páginas también escribí unas cuantas palabras nuevas que me estoy aprendiendo a manera de promesa, para poder dejarte de pensar y darle tiempo a tu olvido:

Gracias amor, por lo que fuiste; ahora voy por el camino sola, te dejo la libertad intacta, no soy más que una loca viajera que te ama también libre, y que quisiera hacerte feliz aunque sé que otras doncellas mas cuerdas lograrán atravesar tu puerta, me quedaré con tu voz por siempre si no te atreves a buscarme y de rehén el ángel furtivo que ciertamente asegura que esta extraña forma de amarnos no la encontrarás en ninguna otra parte, ni en otra piel ni en otras bocas porque fue escrita desde otros tiempos no solo con gotas de sangre sobre sábanas de seda. Yo fui tuya porque te quise y porque quise…. y tú mío por siempre, a tu manera".

III

Heliotrópica

Era agosto, y nos sonreía un fantástico sol de verano que se extendía hacia las diez de la noche, no obscurecía sino hasta esa hora. El "nos sonreía" como ya saben era para mí, los dos canarios, los dos conejos, los dos peces, mis cuervos y Tunkue el perro. Todos se habían ido de vacaciones por casi dos meses hacia algún lado. Los dos niños a un campamento en Inglaterra; Nina, la más pequeña se había ido a Grecia con su abuela materna. Extrañaba verla y escucharla tocar el piano con su profesora los miércoles por la tarde. Hasta la mucama se fue con su familia encargándome la tarea pagada de alimentar a sus dos gatos. Lo que para mí, —amante de mininos— nunca fue un trabajo.

La mansión estaba sola, la señora Achlys había planificado irse por dos semanas a Marsella en Francia. Me ofreció una semana de vacaciones pagadas antes de marcharse, pero preferí quedarme sola en casa, pues como no tenía a nadie con quien vacacionar y más bien tanto que añorar, incluyendo ahora a los pequeños. Me había dejado a su adorado perro, al cual me habían entrenado —a mí primero— para hablarle en francés con un tono específico y con voz de enojada, pues la única forma de controlarlo cuando salía al parque era al ritmo de decirle "meshon shain" (méchant chien), que significa "perro malo", y pues a veces funcionaba y otras no. Tenía que pasearlo todas las tardes por una especie de reserva que se encontraba no muy lejos de casa, siguiendo un pequeño riachuelo y jardines comunales de los cuales las personas arrancaban cerezas directamente de sus árboles.

Una tarde de esas que no terminaban nunca, Tunkue se enredó en una pelea con un par de perros muy grandes, por más que apreté duro la correa él se me soltó del collar y desapareció de mi vista casi galopando mientras los otros dueños de los canes me ayudaban a levantarme del piso. Literalmente me había arrastrado, las dos personas muy amables querían curarme las rodillas que ya afloraban un poco de sangre, "mi perro labrador" era muy grande y fuerte en comparación de sus otros dos pastores belgas, así que me incorporé como un resorte, no quería problemas y salí corriendo atrás de *firulais* para que no causara mas desastres. Me tocó llamarlo con desespero en inglés, en español y en francés, con todos los acentos inventados, sin que respondiera a ninguno. Desde muy lejos escuché sus ladridos pero había varios caminos que se adentraban en la foresta. Así que decidí que mi intuición me llevaría al lugar correcto.

El animalito habiendo tomado una subida hacia una pequeña colina me condujo a la descripción más bella de lo que solo un corazón lleno de arte podría imaginar. Apenas alcancé la cima uno de los cuadros de Van Gogh se abrió increíblemente hacia mis ojos; un poderoso océano amarillo que se extendía ante mis pupilas extranjeras, dejaba miles de girasoles expuestos hacia la infinita luz misma de la Fuente Universal, se veían más altos que las plantas de maíz que fue lo único en mi mente con lo que pude relacionarlo y que me parecía similar en la rendición completa de la tierra a lo sublime abstracto. Pensé entonces el por qué nuestras culturas indígenas hacían al dios Sol el centro de todo cuanto creían y veneraban. Buscando esa luz divina que todo ser humano en algún punto de su vida busca y que a veces no solo la encuentra sino que la germina iluminando también con suerte la vida de los demás. Me senté para disfrutar del paisaje y el perro ya solo dejó de importar.

Entendí por qué los girasoles para Van Gogh eran la llave de su inspiración y alegría porque no importa cuán forasteros nos sintamos en otras tierras, a veces nos sentimos raros inclusive en medio de personas conocidas. Y se nos precisa encontrar un punto de fuga para encontrar nuestra propia voz en la interpretación de las cosas. Existe un momento siempre en el que te lo cuestionas todo. Aunque infelizmente para el gran artista las flores que tanto amó pintar necesitaban de un compuesto fabricado en base a sulfato de bario que junto con su amarillo *cromo* eran como un coctel de toxicidad que su cuerpo fue absorbiendo con el pasar de los años. No se sabe a ciencia cierta si esa fuera la causa de sus delirios amarillos, pero lo que realmente acabó con su vida fueron sus trastornos psicológicos que lo empujaron finalmente al suicido. Su vida estuvo marcada por dentro y por fuera con un amarillo luminoso desde el mostaza y dorado hasta el casi naranja encendido de su cabello y, que ya sin la presencia de su creador amenazan en la actualidad con volverse marrones; escondidos al público y a la luz que los deteriora, para que no contemplen su tristeza y la soledad con la que prácticamente vivió el solitario artista su vida entera, lejos de la fama y el reconocimiento. Pues solo después de su muerte, como muchos otros, el llegaría a alcanzarla notoriedad.

Lo que Van Gogh talvez ignoraba en aquel tiempo es que los girasoles bailan buscando la luz que los lleva a crecer fuertes y a danzar, sus tallos se extienden durante el día en busca de los rayos solares y por las noches giran de retorno hacia el otro lado provocando entonces que su crecimiento sea constante y armonioso. Todo este baile lo hacen mientras son jóvenes y los científicos lo llaman heliotropismo, por la capacidad de absorber energía y crecer mientras se mueven. Pero cuando la planta deja de crecer también deja de girar quedándose triste y fija con su mirada hacia el este.

Podríamos decir que el ciclo de los girasoles termina cuando dejan de moverse, pero increíblemente sucede un milagro contrario. En su etapa de quietud y madurez es cuando toda su energía acumulada sale en forma de calor adicional que atrae fuertemente a los insectos para que comience el proceso de la polinización transmitiendo la información genética de la planta para que la danza se perpetúe en nuevos bebes girasoles. Y otro dato curioso y sin duda revelador, es que en los días en los que no hay sol las inteligentes flores no miran hacia abajo emulando la tristeza sino que voltean su mirada a un girasol vecino y se conectan compartiendo su energía y dándose calor mutuo.

La búsqueda constante de lo espiritual cobra más sentido cuando contemplamos atardeceres tan bellos, porque nos sabemos pequeños y no es la presencia de luz (que estuvo y estará allí siempre independientemente de nuestro paso por la tierra), lo que le da motivo a todo. Esa Luz Divina a pesar de ser majestuosa ya está a nuestro alcance, siempre generosa. Lo que le da al ser humano su propia razón de ser o propósito, es su capacidad de moverse y bailar con los movimientos que le ponga la vida. Crecer, meditar, expandirse y ser capaz de volver a nacer siempre en otros.

¿Qué empuja a otro ser humano a ir fuera de lo conocido y lanzarse a lo incierto con la poderosa ayuda de una maleta? ¿Qué clase de gente son los migrantes que siempre encuentran la manera de adaptarse y aprender a buscar en otra cultura una especie de refugio? Muchos dicen que lavar baños y realizar trabajos incómodos son el castigo de aquellos que soñaron con llegar muy lejos… y yo pensaba sentada en esa colina que uno puede sentirse extraño e incomprendido en cualquier lugar del mundo aún rodeado de muchas personas, sin necesidad de salir de casa. Pero solo los valientes que no temen enfrentarse a sí mismos y romper sus propios límites son los que consiguen hacer el mejor viaje del mundo, llegar a la conciencia absoluta de que nada nos pertenece —ni siquiera nosotros mismos— pues prestamos nuestro corazón esperando recibir garantía, jugamos a comprar cacharros, a estudiar y leer mucho alimentando al ego, que le encanta creerse dueño del mundo. Y en verdad cuando apreciamos un paisaje tan profundo nos damos cuenta de que se nos da el permiso de sentirnos incompletos o plenos indiferentemente del cuándo y el dónde.

A veces la meta no está en el éxito, pues el gran Van Gogh no logró disfrutar de los frutos de la fama y el reconocimiento que ahora le preceden. Logró darle sentido a su vida, a través de la pintura pero nadie sabe lo que un alma tan grande esconde, tal vez no logró nunca conectarse con nada mas allá del prodigioso talento de su retina o tal vez en sus últimos días de encierro al llegar a la madurez de su propio entendimiento, el creador le confesó todo y él encontrando al fin la paz anhelada —solo para unírsele—se arrancó la vida. Nadie lo sabe.

Me dije a mi misma sentada en esa colina:

"Si llegas por casualidad a otra cima ábrete y expande toda esa luz con las personas, para que se nutran de tu experiencia y no te marchites antes de tiempo si aún no llega la hora, busca en otro tu propia luz y energía, abrázate fuerte al círculo que te sostiene en energía y se eres la primera en brillar, solo brilla. Sin miedo, ni remordimiento. No pares de girar y crecer. No pares de bailar y florecer. No pares de ver lo hermoso en las cosas sencillas de la vida. No dejes de ser una persona heliotrópica. Sigue disfrutando de la vista" Ese discurso lo necesitaría.

Contemplando toda la visión poderosa del dorado campo en conjunción con el cielo de pronto sentí correr hacia mí una sombra negra que se desdibujaba entre la plantación de girasoles. Podía divisar cómo se iban moviendo los tallos haciéndole camino, corrí bajando para ir a su encuentro y las gigantes plantas me pasaban de lejos, por en medio de ellos apareció mi perro lleno los bigotes de polen. Y digo mi perro, porque lo llegué a defender del dueño de aquellas tierras que era un alemán; (lo supe porque vestía pantalón corto y tirantes) que me gritaba que saliera enseguida haciéndome señas para que cogiera al canino bien de su correa. Tunkue era feliz al sentirse mío o tal vez era mi proyección de falta de cariño, pero dormía tumbado a un costado de la cama en el ático, roncando y protegiéndome de los ruidos secretos de aquella casa que amenazaban muy pronto con rompernos el alma.

IV

Achlys, Yo no soy su hija

Carmen, la ama de casa que para mí no era más que una especie de hada madrina, tan cálida y dulce. Risueña y caritativa; desde que todos se habían ido era la única que quedó como mi puente al mundo exterior. Me alegraba las mañanas, al llegar gritando desde arriba con su potente acento español dirigido hacia el sótano:

—Crishnita, hija... ¿Por qué no venís a tomarte un café conmigo?

Mi corazón se aceleraba mientras acomodaba las camisas planchadas el día anterior, puesto que desde que el papá de los niños se había ido de la casa, Carmen le hacía el aseo de su nuevo apartamento, y ya que los pequeños estaban fuera, ella recogía las camisas del magnate y me las traía. Así yo le ayudaba con el aseo y el planchado y ella a cambio me paseaba a veces por Ginebra. Mi española favorita.

Salía yo corriendo para mirar si no había venido con su hijo. Un español guapo nacido en Suiza de veintidós años, que andaba de novio con una modelo bielorrusa; a Carmen la muchacha no le gustaba, pues en una ocasión me dijo, mientras me observaba coser el vestido de una muñeca de la pequeña Nina:

—Cómo me gustaría una mujer decente como tú para mi Matías.

Había cosas que no se mezclaban a menos que hubiera dinero de por medio y yo lo sabía. Matías le estaba ayudando con las tareas al pequeño de ocho años. En una ocasión él se nos escondió en la bodega del jardinero, ya que fruto de la separación de sus padres, el niño mojaba la cama y ya no quería ir a la escuela. Nos tuvo corriendo buscándolo como por dos horas. Tanta fue la adrenalina por encontrarlo que en un par de ocasiones chocamos las cabezas. Nos reímos con susto, pero cuando encontramos al pequeño para celebrar nos relajamos preparando una tarde de películas y pizzas. De tanto en tanto cruzábamos miradas y una que otra sonrisa. Sus padres también fueron migrantes hace algún tiempo y al parecer a él eso le producía incomodidad. Yo representaba un espejo en el cual él no se quería mirar. Los hijos de migrantes nacidos en otras tierras son los primeros en sentir que encajan en la sociedad pero cuando miran a otros migrantes llegar son también los primeros en reflejar el rechazo que sintieron sus padres. Lo hacen a veces despreciando su propio idioma, para no sentirse mitad de algo que desconocen. Y bloquean todo contacto con los nuevos arribados. Para no sentirse ellos también un poco: mitad rechazados.

Las vacaciones le vinieron bien a todos, imagino. Carmen y yo habíamos aprovechado esos días para volvernos más cercanas, me llevaba a su casa e íbamos de compras por las grandes tiendas. Con ella me sentí caminando realmente en libertad por la ciudad; nadie se imaginaba que yo era una indocumentada. Me acompañó a sacar una tarjeta de autobús poniendo su dirección como referencia. Ella vivía en un departamento modesto junto con su esposo ebanista, pero se había construido una gran mansión en Tarragona y justamente ese verano necesitaba ir a darle los últimos acabados. Organizó todo en su mente para llevarme con ella a España, iba a pedirle permiso a la señora de la casa, porque los niños no volverían sino entre otras tres semanas. Yo realmente estaba contenta, nunca me imaginé encontrar tanto cariño y sentir confianza por alguien más que no fuera mi madre. Un ama de llaves clásica, se encargaba de cada pequeño detalle para que todo en la mansión anduviese muy organizado. A veces me comentaba que desde el proceso de divorcio las fiestas elegantes acabaron por completo y que la señora no recibía a ninguna de sus amigas. Que la razón nadie la sabía pero todo coincidía de una manera casi elocuente con mi llegada a la casa. Carmen partía de viaje y Achlys regresaba.

Desde que llegó la noté un poco extraña en su forma de tratarme. Siempre había sido amable, pero la mayor parte de las instrucciones me las mandaba a explicar con Carmen. No hablábamos mucho. En efecto, a las dos semanas de yo haber arribado a trabajar a la mansión, su esposo salió para no volver jamás. Achlys se mostraba muy distante y había ocasiones en que me miraba y sus ojos se perdían hacia no sé dónde. Conocía esa mirada. La mañana siguiente a su retorno me llamó al comedor y me dijo que Carmen le había comentado del ofrecimiento de mi viaje, a lo cual ella me contestó que no me daría permiso. Enseguida en mi interior, me resonaron dos razones: la una que era como si yo le perteneciera de algún modo, ella me organizaba el día a día y la otra que imaginé es que ella se sentía celosa por el nivel de confianza que su confidente de pronto desarrolló conmigo en su ausencia. Ninguna de las dos razones fue equivocada, porque hasta Tunkue a veces me prefería, pero lo que vendría a continuación me cayó encima como un balde de agua helada, pues yo creo que ella vio dibujada en mis ojos la desilusión por la negativa del viaje y al querer consolarme con sus razones me soltó una verdad que le había mantenido prisionera de sí misma por veinte largos años.

Era ella hija de un diplomático griego que fue enviado a España a vivir con su familia, de allí se explica que ella hablase español perfectamente, pues permanecieron en ese país por siete años; ella tenía apenas diecisiete cuando se enamoró perdidamente de su compañero de colegio, un sevillano de ojos castaños que la conquistó con tanta pasión y empeño que al poco tiempo explotó la noticia de que la pequeña Afrodita estaba embarazada. Para su mala fortuna la enviaron a vivir a Inglaterra, en donde le consiguieron a su hijo padres adoptivos mientras dijeron a todos sus allegados que ella había ido a aprender el idioma por un año entero. Sus ojos se llenaron de tormento cuando me describió que mientras veía crecer su pequeño vientre en aquella casa ella solo sentía como una especie de recipiente pues nunca recibió apoyo psicológico que le ayudase a despedirse del bebé cuando llegase la hora. Que aunque fuese ella su madre nunca podría volver a ver a la inocente criatura. Fue niña y tuvo que entregarla apenas nacida para que no existiera ningún vínculo pues desde entonces ya no le pertenecía.

La llamaron Cristina, coincidentemente tenía mi edad; pero cuando yo llamé por el trabajo di mi primer nombre, el que constaba en el pasaporte, pues si algo sabemos cuando vamos a vivir a un país extranjero es que tu primer nombre te acompañará por un largo tiempo, no importa si te lo cambias o si te gusta un sobrenombre o un alias, siempre debes de dar tus datos reales y tu primer nombre es el primer requisito para que cualquiera te llame sin importar con que acento sea. Al pasar los días Carmen y los niños desistieron de llamarme Lola porque yo no respondía, después de todos los intentos por recordármelo siempre los corregía pidiéndoles que me llamasen mejor Cristina. Y eso fue lo que desató para Achlys abrir el cofre de sus verdades, puesto que al año siguiente de haber entregado a su hija le consiguieron un hombre adinerado con quien casarla, un joven rico suizo que no contaba con lo necesario para hacer que ella se enamorara. Y no porque él fuera el problema, aunque su humor seco no conseguiría calmar el secreto que a ella le destruía el alma. Se casó y se mudó a Suiza porque le convenía huir de sí misma sin importar con quien fuere y así le fueron pasando los años por encima, pero ella no pudo olvidar a su amor del pasado, ni tampoco la manera como sus padres se deshicieron de su problema y de su vergüenza que llevaría un nombre que nunca habría sido usado por sus labios en voz alta.

Aquella niña llamada Cristina y mi presencia llegamos en el momento indicado, para sacar de sus miedos todo lo que ella quiso dar por olvidado. Me confesó que decidió contarle aquella historia a su esposo y que él en cambio decidió beneficiarse del secreto para salir huyendo en busca de otra mujer que hace tiempo lo venía persiguiendo, me imagino por el montón de dinero que poseía, poniendo a dos abogados que se encargasen del asunto del divorcio entre sus vidas. Así Achlys con su secreto afuera y su maternidad estropeada me miraba todas las mañanas atormentándose al pensar cómo sería el color de los ojos de su hija, tal vez los tendría negros castaño como los míos. Pero no hubo forma de que ella lo supiera ya que sus padres dieron instrucciones de nunca más buscarla ni pedir sus fotos. Le encantaba cómo yo sentaba en mis piernas a la pequeña Nina cuando soltábamos a los conejos en el patio y le hacía un par de trenzas mientras ella me enseñaba francés y reíamos al practicar su español con las canciones que yo de a poco le había venido enseñando.

Es así como tuvo la idea de mandar a todos fuera de casa y viajar a Londres diciendo que iba a Marsella y pidió contactar con su hija, que después de una semana de mantenerla en espera en un hotel de la ciudad, le contestó que no quería saber nada de ella; no supo nunca si fueron sus padres adoptivos o fue una decisión tomada por su hija. Lo único que escuchó fue su voz al teléfono pidiéndole que la dejara de buscar. Lo que sí sé es que después de esa confesión tempestiva Achlys me miraba como si yo fuese su única salida de redención. Me ofreció hacerme mis papeles y trabajo de por vida.

Pasaron dos días y Carmen partía a España; nunca pude hablar con ella y pedirle consejo, la abracé muy fuerte mientras le daba las últimas camisas, nunca más la volví a ver, porque a partir de aquella historia sentía el peso de ese secreto rondando por toda la casa, como un fantasma que asechaba con destruirnos a las dos, las culpas. Solo decidí marcharme un fin de semana y encontrar la mejor manera de decírselo. No supe más cómo comportarme con ella, me daba miedo encontrármela por el pasillo y cuando salíamos a pasear al perro, parecía que todos los ojos sabían de aquel secreto. Ella me defendía de todas las miradas y yo sentía la incertidumbre de aquellas personas, era yo la muchacha, la sirvienta, o con más adivinanzas su protegida. Aunque la carga para mí era más liviana, ya la casa no sostenía mi miedo, me preguntaba si esas paredes entendían español. Pero sobre todo si serían capaces de guardar el secreto. Fue incómodo, doloroso y demasiado para mi autoestima que estaba en desarrollo, yo también tenía a alguien que estaba dejando en el camino. Estaba viendo al mundo de frente y las vueltas que de repente podría darme la vida, que siempre nos pone de algún modo a las mismas personas de las que venimos huyendo con otro nombre o a veces con el mismo. A veces enseguida y a veces después de veinte largos años. No me quería ver en su espejo.

Entonces quise huir más lejos, me iba a ir a Italia. Le di la noticia a Achlys por teléfono, estaba otra vez corriendo. Vino a dejarme las maletas que dejé en su casa y vino junto con mi perro, que nunca fue en realidad del todo mío a quien pude abrazar mimándolo y aconsejándole en español para que no se perdiera o—que si lo hacía— llevase a su dueña hacia aquel campo lleno de girasoles y sabiduría.

—Adiós, Tunkue. Adiós, bella señora, cuide su corazón de la culpa. Lamento mucho despedirme tan pronto, pero yo no soy su hija. Usted tiene y tuvo siempre frente a sus ojos a la pequeña Nina. Ya no trate de entregarle más amor a un fantasma, para el cual usted no existió nunca.

Una lágrima rodó por su hermoso rostro de ángel, mientras pude ver una sonrisa tierna haciendo memoria de la chiquitina que cuando volviera de Grecia ya no me encontraría. Era necesario que ella recibiera todo el amor que en verdad le hacía falta y sobretodo le pertenecía

V

De camino a Italia

Subí al tren con rumbo a Milano desde la estación en Ginebra. En el andén, totalmente sola sin nadie que me despidiera, esperé por dos horas escuchando en mi *CD player* nuevo mis canciones de Gipsy Kings, Jarabe de Palo, Pablo Milanés y Joaquín Sabina. Los encontré todos en la sección de español ese mismo día cuando fui a comprarle un reloj suizo a mi madre con el dinero que en mi encierro había ahorrado por meses. Vi a una curiosa pareja, una morena muy guapa con un señor muy anciano de tez blanca, de plano entendí que no era un familiar cercano sino más bien un mecenas del amor que veía su doncella partir en un tren y la emoción de aquella escena tan conmovedora para mí que no tenía a nadie me cautivó igual que cualquier otra despedida, aunque no hubiera abrazos sino besos rancios. Ella se sentó dos asientos más adelante que el mío, el vagón estaba prácticamente vacío, solo ella y yo, reconociéndonos con miradas la pinta de latinas o tal vez creando la necesidad de compartir el viaje elaborando falsas expectativas. Sin embargo no le hablé; me sumergí en mi música, mis porqués, y trascender el tiempo mirando por la ventana. No sé qué magia hay en las ventanas para algunos seres humanos, el mirar por una de ellas desde un avión por ejemplo es ir haciéndole una confesión al cielo, imaginar ángeles en las nubes o perder nuestras ansias en el infinito celeste del firmamento. O como en este caso ir mirando mi propio reflejo en la ventana del tren, comparable a unirse con uno mismo pero en un futuro que fue acaso soñado y saber que somos por pocos instantes como deseos realizados, que nos unimos de repente al universo en un mágico momento que algún día por nuestra condición económica, tal vez solo imaginamos.

Los Alpes suizos vistos desde un tren junto con los girasoles y el lago, serán hasta el día que me vaya de este mundo uno de los espectáculos más bellos que haya tenido la oportunidad de ver en ese país que ahora yo despedía. Los matices de las montañas que se imponen en el paisaje, pasando por túneles y por inmensos valles verdes, llenos de todos los posibles colores de las flores que se prepararían para la llegada del otoño, me llenaban de esperanza cuando pensaba en mi próxima estación. Y luego contemplar la cúspide de los gigantes blancos llenos de la nada absoluta, porque no hay nada que se le compare a tan preciosos colosos, no se puede explicar con palabras, sino con suspiros, deseos mudos y silencios arrepentidos. El problema es que la silueta reflejada en el vidrio le pertenecía a una sola persona con la cual hubiese querido compartir tal paisaje. Escuchaba *'te miro y tiemblo'* de Jarabe de Palo. Y no era quien me esperaba en Italia, la causa de tanto barullo en mi mente sino a quien le había regalado mi virginidad y de paso mi alma. El motivo de mis cartas, de mi huida y de las canciones que escuchaba; los recuerdos iban y venían y yo solo me dejaba llevar por ellos, así como me dejé llevar un solo día al cielo, así como el tren se dejaba andar por sus rieles, sin tiempo ni obstáculos, sin frenos.

El trayecto aunque fuera corto debía hacerlo con cuidado, puesto que ya había dejado de ser turista hacía más de ocho meses. Lo que no le dije a mi madre es que mi propósito era pasar de Suiza a Italia si las cosas no iban bien; en busca de un amor de mi infancia, Xavier, quien había partido hacía un año atrás a Milano. Yo tenía doce años cuando lo conocí, fue él quien me dio mi primer beso, me ruborizaba cada vez que lo recordaba, él tratando de meter su lengua en mis labios, que pese a mi sensualidad precoz, permanecían sellados por el miedo. El tenía dieciocho años. Tenía un cuerpo atractivo. Su padre era de Venezuela y tenía un toque caribeño que me gustaba. Yo creo que desde entonces le tuve miedo, la verdad creo que siempre tuve miedo, de enamorarme y de que luego me abandonasen, ya saben, como lo hizo mi padre.

Pero él tenía una especial forma de despertar en mí la curiosidad mas no la pasión. En un par de ocasiones me ofreció matrimonio a cambio de mi virginidad y no es que nos faltara ocasión para hacerlo sino que algo en mi cabeza me decía que ese cuento era ya muy viejo como para yo creerlo. Me mal enseñaron, como a todos, a creer en las reglas de la vida, pero yo no quería seguirlas. Me besaba a veces el cuello con una lujuria intrépida. Yo lo quería, pero no lo amaba. No tanto como para llegar a ser el primero y esa precisamente fue la razón por la cual todo se torció con nuestro encuentro. Él sí quería una virgen, y aunque yo no quería casarme, quería a alguien que estuviera listo y dispuesto a amarme por encima de mis miedos.

Un oficial del tren interrumpió mi trance al advertir a los pasajeros que pronto llegaríamos a Italia y que debíamos presentar los documentos de viaje. En mi caso fue tan intempestivo el anuncio que metí los CDs rápidamente en la mochila con los audífonos. Y me dispuse a presentar mi boleto junto con el pasaporte.

—El pasaporte... —repetí por tres ocasiones, como esperando que él viniera hacia mis manos. Pensé ¡Oh no, de nuevo el ángel!

No aparecía. Lo busqué dos veces en las dos maletas y en el pequeño bolso de mano. Y nada, paró el tren y el oficial de migración subió y cual fuera su reacción al decirle que no hablaba ni francés, ni italiano y que no encontraba mi documento por ningún lado. Me invitó cordialmente a bajar con mis maletas y que si en caso encontraba el pasaporte y todo estuviera en regla, él me dejaría abordar el tren siguiente que pasaría de nuevo en seis horas. Mi alma iba cayendo al piso, cuando de pronto escuché una voz que me habló en portugués y me dijo:

—La mochila, la mochila...

Era la mujer de tez morena, que se acercaba para ayudarme, y aunque yo ya había revisado la maleta no me había dado cuenta que entre los CDs estaba el pasaporte, confirmé que fue de nuevo el bandido ángel. Que quería que me regresasen. El oficial revisó un par de páginas y me preguntó:

—¿Tienes permiso de *soggiorno*? —que era el permiso de residencia para entrar en Italia. Me quedé muda y estupefacta.

La mujer le dijo que no lo necesitaba, puesto que yo iba con ella a visitar a su hermana. Me pareció la mentira más blanca, y salvadora, pero en verdad funcionó para que no me deportaran además porque el tren debía partir lo más pronto posible, puesto que ya se había demorado por mí y mi búsqueda. El oficial, que debía haber visto anteriormente a la bella mulata, no quiso en verdad hacerme tanto problema y me dejó continuar con mi trayecto.

Se sentó Julisa a mi lado y me contó su vida entera, en dos horas me dio muchos consejos de cómo mejoró su vida al encontrar a su viejito al llegar a un asilo de Suiza para cuidar de él y terminar enamorándolo con sus encantos de brasilera. Me contó que llegó a Italia hacía dos años atrás junto con su hermana, me dio su número telefónico y me advirtió de todos los lugares a los cuales no debía ir, a las personas que le tenía que huir y los bares en donde se reunían los viejos interesados en latinas, puesto que a los italianos les encantaba darse la "buena vida". Todo me lo dijo en portugués, yo solamente consentía abriéndole mucho los ojos, le decía que prosiguiera que el idioma es muy parecido al español aunque por ratos no le entendiera. No le quería decir que yo era muy mala para los asuntos de fingir amor y muy buena para tomar decisiones un poco precipitadas y que a veces no me beneficiaban en nada.

Al llegar a la estación los olores y la cantidad de personas me daban la bienvenida al país del arte, de la ópera, de la comedia y de los grandes genios del Renacimiento, país de donde provenía la religión católica y las famosas góndolas. Tengo que confesar que en Suiza los caballeros se veían muy altos, inalcanzables, serios y aburridos. Pero los italianos con su estatura promedio, frentes varoniles, cejas abultadas y mentones definidos, me hacían recordar un aire a lo latino. Pero yo entre todos ellos buscaba solo con la mirada a mi galán. Que no llegó, ni nunca llegaría. Pasaron cuarenta minutos y vi correr a mi encuentro a un par de muchachas ecuatorianas buscando por mi nombre; Letty y Camila, el caballero que yo esperaba me las había enviado por ser sus más adorables conocidas, que me llevarían directamente al *"affito"* en donde otras ocho mujeres vivían apaciblemente en un apartamento a una hora y media del centro de la ciudad tomando un tren en la línea *gialla* (amarilla) y después un tranvía. De a poco sabía que no correría con la misma suerte que en Suiza, de hecho mi estrella se quedó con Achlys por no ayudarla y ser egoísta. Porque en Italia conocería el verdadero rostro de la migración: el hambre, la explotación y la injusticia.

—*Brava ragazza, comincia una nuova vita.*

La *bella vita.*

VI

Malas madres

Turnos para la cocina, escritos en la puerta de la refrigeradora. Nombres de mujeres escritos en los compartimentos del mismo *frigo* y en las tarrinas de comida llamados "tapers". Turnos para lavar escritos en la lavadora, tres ganchos de ropa para cada una en el armario. El espacio limitado a tres cajones por persona. Turnos para llorar escritos en el balcón junto con el horario de arrepentimiento de haber llegado en tal mal momento a una ciudad carcomida por la invasión migratoria con miles de personas provenientes de países de Europa del Este, de África y del Sudeste Asiático.

Me asignaron una litera, en la parte superior —la litera de las serranas, me decían— puesto que la mayoría de mis compañeras de habitación eran de Guayaquil y Machala. Casi ninguna había pensado en ir a la universidad y su nivel de educación era en promedio bajo. La dueña de la parte inferior de mi cama era de Cuenca y venía solo los fines de semana, cuando salía de la casa donde cuidaba un par de ancianos. Iba a las cabinas telefónicas, hacía compras y se quedaba en la plaza del Duomo hasta tarde conversando con otros ecuatorianos, para el domingo lavar y secar su ropa junto con sus penas y volver a su triste encierro, eso sí, para continuar ahorrando. Ella pagaba un poquito menos pero nadie podía ocupar su espacio en el armario.

Las otras, yo incluida, nos íbamos a los bares latinos en donde solo sonaba música dominicana, allí se podían conseguir los contactos para todo tipo de trabajos. Vi a Xavier en un par de ocasiones siempre acompañado por una mujer peruana un poco mayor que él a la que le decían "la jefa" porque controlaba quién trabajaba y quién no haciendo "*courier*" con las furgonetas que administraba junto con su padre. Él se acercó a los dos días de mi llegada al apartamento donde vivíamos y me dijo que le tuviera paciencia, que me amaba pero que una vez le saliera la residencia nos iríamos a vivir juntos. Los dos sabíamos que era mentira, pues la mujer lo tenía muy controlado, si no estaba más con ella él perdería su trabajo; yo le daba celos bailando en la pista, porque eso sí, aprendí como un trompo a bailar bachata con los dominicanos, aprendí eso y muchas mañas más que mis tutoras Letty y Camila se encargaban de irme enseñando, ambas hermanas de sangre caliente provenientes de una ciudad costera de la provincia de El Oro; no habían terminado la secundaria pues se casaron muy pronto. No podían creer que yo fuera "técnicamente virgen" pues solo había estado en una ocasión con alguien, cuando ellas aún siendo tan jóvenes ya tenían ambas hijos que lastimosamente tuvieron que dejar abandonados. Siempre me preguntaban cómo era eso de ya haber tenido relaciones y que me considerara aún una inocente, asunto que ni yo misma comprendía. Lo único que respondía es que no quería hablar del tema, mientras advertían a los encendidos pretendientes que yo era virgen mientras se burlaban de mi suerte, pues les había dicho que si Xavier estaba presente ni se lo mencionaran. Él se ponía furioso al verme bailar con otros pero parecía paradójicamente ya haberme olvidado también.

En cambio las hermanas me acogieron como una de las suyas y me llevaron a mi primer trabajo limpiando un supermercado inmenso, tan inmenso que incluía cuatro cuartos frigoríficos, cuarenta cajas registradoras, oficinas como estrellas y un hangar del tamaño de un aeropuerto. Entrábamos a las 9 p. m., cuando todo cerraba; y no salíamos sino hasta el día siguiente a las seis de la mañana, cuando todo quedaba perfectamente limpio e inmaculado.

Había mucho tiempo para escuchar sus historias; Letty había dejado a sus dos hijos pequeños, tendría unos veinticinco años pero se casó a los dieciséis, cuando se supo embarazada del segundo niño trágicamente ya era viuda. ¡Y qué viuda! con unas caderas anchas, su respingada nariz, cabello pintado de rubio, pero sobre todo cada parte de su cuerpo gritando que se sabía bella y que podía conseguir al hombre que quisiera; terminó viviendo con el sobrino del difunto. Sin embargo llevaba una pena en su mirada solo entendible para aquellas madres que dejan a sus hijos en manos de un familiar cercano. Nos dejaron encerradas en un cuarto refrigerado para limpiarlo, y no sé si fue eso o la descripción de cómo dejó a su niño durmiendo, pero el relato lo conservo tan frío en la memoria que al recordarlo es capaz de congelarme hasta los huesos.

"—Todos sabíamos que esa noche sería la última al lado de los bebes, les compré una película, papitas fritas y una que otra golosina. Al aeropuerto debíamos salir a las tres de la madrugada con el compadre Antonio que nos llevaría a Guayaquil. Quería mantenerlos lo más despiertos posible para que cuando yo me fuera ni siquiera me sintieran, me acosté como a la una de la madrugada después de alistar la maleta y abrazando fuerte a mi criatura, observe su respiración de barriguita (diafragmática) y en cada exhalada me recordaba cuánto amor me unía a él. Y tendría que dejarlo, no sé por cuánto tiempo. Estábamos endeudados con una moto que compramos para que mi esposo pudiera vender productos de limpieza que su tío —mi primer esposo fallecido— fabricaba artesanalmente. A veces no teníamos para comer ni arroz con huevo, peor para un esmalte de uñas —en esos diminutos instantes Letty mira sus uñas bien arregladas por debajo de unos guantes desechables transparentes y suspira mientras continúa—. Y yo lo miraba pensando en lo mala madre que era, por que al despertarse no me encontraría y se pondría a llorar enseguida, como cuando los niños se despiertan de un mal sueño y ya solo le quedaría hacerle un berrinche a su abuela. Eso sería una forma de sentirme bien al menos, porque sentiría él que llorando yo podría asomarme de algún lado para poder consolarlo pero al pasar de los días tal vez ya solo se resignaría pensando que yo no lo quería y que por eso me iba de su lado. Pobre mi niño, es tan pequeño e inquieto, tiene apenas dos añitos, ¿cómo pedirle que entienda? ¿A los cuantos días un bebé renuncia al calor de su madre? Me levanto, no puedo dormir, la culpa me tortura. ¿Por qué debo dejarlo, no hay acaso más opciones? —Y no, te juro que no las había—. Lo contemplé por dos horas hasta que llegó la hora de partir; *duerme, chiquito mío, mamá vuelve enseguida... Se va al otro lado del mundo para darte una mejor vida.* Me estalla del pecho un llanto culpable, me tapé la cara con la cobija, pero mi otro pequeño se levanta asustado y me abraza metiendo su cabecita entre mis costillas y me dice las peores palabras del mundo, aunque tiene diez años y parecía entenderlo todo, con voz bajita y sintiendo terror al decirlo, susurra:

—Tengo miedo, mami. ¿Y si te pasa algo? Ya no te vayas, mamita... yo te ayudo a cuidar a mi ñañito. Me asusta que mi abuelita se enoje y no pueda contártelo en secreto, ¿cómo te llamo?

—Lloré más fuerte, y como ves desde entonces sigo llorando, no he parado, lo hago todos los días cuando pienso que me buscan y no me encuentran con ninguna escusa. Lo apreté fuerte a mi vientre como si quisiese meterlo nuevamente y llevarlo conmigo. Al separarlo casi a la fuerza, iba sintiendo que el mundo se venía encima, porque no hay llanto que calme el dolor de dejar a tus hijos botados. Por más que envíes dinero sabes que no es bueno lo que les estás provocando. Porque aunque no seas estudiado, sabes que les estás causando un gran dolor y un grave daño. Tú, que se supone debes quererlos y protegerlos de todo allá afuera, como los proteges de ti misma y tu ambición de querer para ellos una mejor vida, aunque tú no estés más en ella. Y poco a poco te hablen al teléfono ya como a un extraño".

No importa le edad que tenga un hijo, cuando su madre parte para un lugar lejano, su cordón umbilical se irá extendiendo hasta donde ella se encuentre, para cobijarle por las noches en las que ella experimente el castigo del cielo por abandonar a sus retoños. El que sufre el abandono no entiende, solo se limita a sentir el hueco del espacio que la persona deje. Pero cuando mamá se aleja falta todo en el hogar, nada encuentra su sitio. Solo queda aferrarse a las monedas que ella envíe de lejos, con la promesa telefónica dominical de que pronto va a llegar para encontrarse y recobrar el tiempo perdido. Mientras Letty se encerraba en una jaula de culpa que iría expiando fregando cocinas, pidiéndole perdón a la vida por haber nacido pobre. Cuidaría con suerte de otros niños y pensaría luego en los suyos tragándose los señalamientos. De pronto la escucho que pide en voz baja:

—Dios mío permite que cuando yo regrese mi pequeño siga siendo pequeño y no haya crecido casi nada, así me sentiré menos culpable de ver que su rostro de bebé le ha ido cambiando al de un niño al cual yo ya no reconozca como mío.

VII

El precio de ser "virgen"

Letty se perdió a sí misma; al llegar a Italia, creo que la idea de considerarse una terrible madre la acompañó siempre, se había hecho novia del contacto que nos daba trabajo, un egipciano tramposo que enseguida supo que yo supuestamente era virgen, no tardó en hacerme negocio con el dueño de la empresa de limpieza. Un día nos llevaron a mí y a ella a limpiar el departamento del ricachón marroco a las afueras de Milano, quien vivía en un edificio lujoso con jacuzzi privado y acceso a una piscina. Camila también le consiguió repuesto a su esposo y estaba saliendo con un venezolano. Letty me insistía que si no quería nada con el dueño debía ayudarla a ella para deshacerse del tal contacto, que aunque nos llevó a vivir con él a otro departamento alquilado, igual pasábamos a veces frío porque era muy viejo y pequeño el espacio, a la ducha teníamos que entrar sentadas y aunque pagábamos menos, para ella la idea de juntar más rápido dinero y traer a su pequeños no tenía descanso, pero yo me vería seriamente afectada por decirle que no al tal marroco. Y no pude hacer más ni por ella, ni por mí, ni por el dichoso y tramposo contacto.

Cuando terminamos de limpiar y dejar totalmente pulcro aquel lujoso lugar, el dueño llegó trayendo un par de pizzas, un cartucho para cambiar de sabores a su pipa de fumar y mucho vino. Nos ofreció probar el jacuzzi, a lo que enseguida me negué. A un punto Letty y su amigo se desaparecieron para ir a tomarse un baño—dijeron—; me quedé sola con el tipo en la sala y aunque no se me acercaba su intención no era otra que desvestirme con la mirada.

—Así que eres virgen. Y por lo que sé, estudiada.

—Sí. Fui a la universidad, pero la dejé enseguida.

—Mi esposa también está estudiando en Marruecos y no quiere venir por su familia. Yo también la conocí virgen, ahora vive con mis hijos —respondió mientras miraba las fotos de la boda.

Me ofreció el álbum y puso un CD en su televisor de última tecnología. Se sentó en mi mismo sofá y por vez primera vi cómo se celebraba una boda marroquí que duró cinco días. Conté ansiosa cuántos vestidos traía la novia, mientras mis manos nerviosas no hallaban la hora de que Letty volviera de tomarse el dichoso baño.

—Tu esposa es muy bonita. Se parece en algo a Letty. Las mujeres de la costa en mi país son muy hermosas, ¿no te parece? —dije.

—¿Sabes que las mujeres occidentales para nosotros son impuras? Nuestra religión es estricta. Las mujeres de aquí son muy putas. Pero me siento solo y tú eres valiosa. Tanto dinero y aquí no tengo a nadie. ¿Quieres vivir aquí conmigo? Eres bonita e inteligente, eres la única virgen que ha venido de Sudamérica. Si quieres, nos casamos porque en Marruecos el artículo 490 del código penal, dice que las mujeres vírgenes que tienen relaciones sin casarse con sus novios, son denunciadas y van a parar a la cárcel ambos por un año. ¿Entiendes? Por eso yo puedo tener hasta cuatro esposas, porque el Corán me lo permite. —Mientras en mis manos ponía el control remoto, continuó diciendo—: Mi mujer solo viene dos veces al año y tú puedes irte de viaje, yo te pago para que vayas a ver a tus padres, cuando ella venga. No necesitas dote para casarte conmigo.

Todo el ofrecimiento que él me estaba haciendo me parecía una venta de muebles y alfombras con el 30% de descuento. Puso su mano en mi mejilla y rápidamente me besó; fue como si me hubiera besado un muerto, me hice a un lado y sentí que su cuerpo comenzó a temblar más que el mío. Me levanté y le dije que debía marcharme y que iría al baño por Letty primero, toqué la puerta por dos ocasiones y nadie salió. La abrí tapándome la vista con los dedos entreabiertos esperando no verlos desnudos y lo cierto es que ellos ya se habían ido, no supe hacía cuánto tiempo, pero ya no estaban allí. Me habían dejado a merced de aquel hombre. Se habían ido por la puerta que iba a dar a la piscina. Mimo tenía todas las llaves.

No estaba segura de dónde estaba ni cómo regresar a la ciudad, al menos dos horas ya habrían pasado, eran como las 9 p. m. entonces. No traía ni reloj siquiera. Para trabajar limpiando solo necesitaba mi ropa cómoda. Y antes de que el marroquí viniera, quién sabe a aprovecharse de mí en ese pequeño cuarto de baño, le puse seguro a la puerta; y entonces él llamando por mi nombre comenzó a golpearla, cada vez se le escuchaba más antipático e irascible. Era un desconocido, y en mi estupidez dejé que se me acercara mucho. Ya hasta me había besado, de seguro esta vez no intentaría desvestirme solo con la mirada. En esos tiempos solo los que tenían dinero tenían un teléfono celular. Grandes modelos Motorola en su mayoría. Escuché que llamó al contacto egipciano.

—¡Mimo! —le dijo, por no llamarlo Mohamed, (que era su verdadero nombre)—, la muchacha se ha encerrado. ¿Dónde están las llaves del baño?

De a poco me fue gritando y luego hasta pateaba la puerta, yo le decía que no saldría hasta que Letty y su contacto vinieran. En efecto, Mimo llegó con un mazo de llaves a los veinte minutos. Antes de que él abriera yo le di la vuelta al seguro y empujé hacia mí la abertura con miedo. Vi a los dos hombres llenos de furia. El uno de la impotencia al saberse rechazado y el otro sin poder ganarse el favor de su amo.

—¡Lárgate de mi casa, sudaca! —Me dijo—. ¡Y ni pienses que te pagaré un solo centavo!

No le contesté nada, y salí corriendo lejos de esos dos hombres enojados. Tampoco esperé el ascensor y bajé por las escaleras lo más rápido que pude, y en el parqueadero me acerqué al auto de Mimo pensando encontrar a Letty, pero ella no estaba, así que esperé por él diez minutos más para que me llevara de vuelta.

—Ni pienses en volver. Tú ya no tienes ni casa, ni trabajo. Me dijo.

Se metió al auto y cerró su puerta con furia, le pedí que me acercara a la ciudad o a una estación de tren. Me miró frunciendo el ceño:

— ¿Por qué las mujeres son tan tontas? Pudiendo tener todo se quedan sin nada. ¡Ay pobre sudaca! Te vas… pero caminando.

Y me dejó allí sola en medio de la noche, en un barrio lujoso. Como todos sabemos, las mansiones se encuentran lejos para no rozarse con los pobres, los que necesitan, los que trabajan, los que sufren, los que no importan. Los que eran como yo. Comencé a caminar por las veredas hasta salir a una autoestrada, los autos pasaban por mi lado sin que ninguno se parara y no fue hasta cuando al llegar a un parque, al cual reconocí por el nombre de tener muy mala fama por haberse llevado consigo a mucha gente asesinada, precisamente por una banda de marroquíes que asaltaban y a veces violaban a las contaminadas mujeres occidentales. Me di cuenta de que ya había obscurecido por completo y que estaba en peligro. Muchas veces había "pedido viaje", pero era diferente cuando estaba con un grupo de amigas probando ser la más atrevida. Esta vez estaba sola, y no sabía qué era lo próximo que pudiera ocurrirme. No había sacado conmigo ni dinero, ni agenda telefónica. Caminé y caminé sin mirar hacia ningún lado, por suerte era aún verano. Había gente en las calles. Llegué a una parada de bus, me senté a esperar por cuarenta minutos. Cuando llegó el *pullman* no timbré *biglietto*, me senté y ni siquiera pregunté hacia dónde iba. Solo cuando reconocí una estación de tren, vi que eran las 11:20 p. m. me bajé y tomé el último *treno*. Cerca de las doce estuve en las proximidades de la que llamaba "casa"; aún me quedaban más calles por andar, pues ya no había ningún bus que me llevara. Entre más obscuro se hacía, más peligro sentía, más tiempo de estar realmente conmigo y con toda mi verdad. ¿Por qué pensar que todavía era virgen? ¿Qué lo define? ¿Un himen? ¿De dónde sacaron el término sudaca? ¿Por qué lo usan para despreciarme, por haberlos despreciado primero yo a ellos?

En ese mismo año las carteleras de Italia se llenaron con la imagen de Mónica Bellucci interpretando *Malena,* por las calles su hermoso rostro y sus curvas contaban la trama de una mujer que escogió entre ser prostituta o ser violada. Aparentemente el pretexto perfecto donde el racismo y la guerra encuentran su mayor resultado es en la violación de mujeres, ya sea que proviniera de los musulmanes de Franco en España, acto que eficazmente ellos ya practicaran en Sudamérica con pretexto de la conquista. Así como también sucedió en Australia, en donde los ingleses desaparecieron una generación entera para ir mejorando de a poco la raza, forzando a las aborígenes a parir solo hijos hechos con hombres de piel blanca. Y en Noruega los soldados nazis fueron "obligados" por Hitler a dejar hijos por todos lados con miras de la purificación de la raza aria. Pero lo que realmente me estremeció entera fue encontrarle sentido a una película que había visto hace unos días en la TV Rai1 con la gran Sophia Loren, que contaba la terrible historia de una de las dos mil víctimas de violación sistemática como motín de guerra, que se dio en 1944 al sur de Lazio, a manos de los "Los Goumiers" soldados marroquinos del Cuerpo Expedicionario Francés que violaron incluso un cura que quiso defender a tres mujeres escondidas en su iglesia y le procuraran la muerte dos días después. Los ciento treinta mil hombres violaron niños y niñas incluyendo ancianas porque violar entre dos hombres a una sola mujer tampoco les iba dando resultado en esas cincuenta horas de "libertad" que les diera su general como premio por haber sacado a los alemanes de la zona.

La violencia como tema social ha hecho que el hombre sea dueño de la mujer ya sea para someterla o protegerla. Se ha valido de las religiones e instituciones sociales por considerarla la hija de Eva culpable de todo su mal; por eso desde la Edad Media el hombre debía ser su cabeza y dominar cada uno de sus actos y sobretodo controlar que se comportase bien y no lo tentara más. Ejemplos en la biblia de la violencia ejercida sobre la mujer los hay tantos como los escritos eclesiásticos del Tribunal del Santo Oficio de la Inquisición que las acusaba desde hablar con gatos hasta bailar desnudas con la naturaleza, enseguida ser consideradas brujas o hechiceras y consecuentemente mandarlas a morir en la hoguera. Y a veces era solo porque algún hombre lo decía o porque algún familiar no quería compartir la herencia con su hermana.

En Oriente otro ejemplo de control fue Aisha, la esposa mas amada del profeta Muhammad, que con tan solo nueve años ya se convirtiera en la tercera esposa de las doce que tuvo. Gracias a ella y los celos que le provocaran al fundador del Islam, se mandó a instaurar el "hiyab" que prometía esconder los atributos de la mujer tras una cortina de santidad. Un tema muy preocupante para la actual Europa y las posibles amenazas de mujeres bomba que podrían esconder fácilmente debajo de sus túnicas un arma tan letal y latente como la tentación que ella misma ha venido desatando con sus encantos a través de la historia.

Cuando llegué era de madrugada, y a partir de una regla en todos los *affitos* que decía que —despúes de las doce nadie entraba—, menos yo, (que como me habían advertido) no tenía casa. Me propuse volver a aquel sitio —para que si de morir se trataba—, al menos fuese cerca de aquel barrio de mala muerte, lleno de inmigrantes de todas las razas. Al menos mi cuerpo se encontraría pronto. Fue la primera vez que dormí en un balcón, una de las tantas y tantas. A la mañana siguiente tomé mi maleta y les dije adiós a Letty y Camila, mientras recordaba que yo no encajaba en ese mundo. Ese mundo al que muy poco le importaba una sudaca, había temas de migración más profundos y dolorosos con los que lidiaba ya la Italia. Solo contaba con pocos euros, después de que me hubiese sostenido pagando renta y comida con los ahorros que traje de Suiza. Me dije: "Llegó el momento de vender mis joyas. Mamá voy de vuelta a casa".

VIII

La Prostituta

Después de recoger mi maleta y percatarme que me habían robado las joyas y el poco dinero ahorrado. El egipciano se encargó de que nadie me diera razones por ellas, como tampoco por ningún otro trabajo. Corrió el rumor diciendo que yo resultaría un problema para cualquiera. El dueño marroquí de la empresa de limpieza no quiso pagarme las semanas que había trabajado. Terminé en la calle y cuando intenté comunicarme con Xavier para compartirle mis problemas más urgentes, al teléfono respondió su mujer. Enseguida le colgué y decidí que lo mejor sería pedir refugio en un convento cercano, en el cual me dieron posada por una sola noche. Fui a mi consulado a pedir me subieran en un vuelo humanitario, pero me dijeron que debía estar muerta primero pues había en espera muchos cadáveres congelados y trámites que sus seres amados desde Ecuador ya no venían la hora de dar por terminados. La fila para acceder a la ventanilla daba la vuelta a media manzana y subía tres pisos de paisanos sin trabajo que necesitaban renovar pasaportes o enviar poderes notariales. Ninguno me dio razón de un lugar donde quedarme, todos estaban buscando ser explotados y escondían el terror de preguntarse entre sí por un trabajo.

Contacté por teléfono a la hermana de la brasilera que conocí en el tren para Italia, quien me consiguió a una amiga que rentaba un sillón cama en uno de los cuartos ubicados en la calle cercana a la Estación central. Un barrio de travestis y prostitutas. No tenía otra opción, sin mis joyas y al confirmar que no me irían a pagar lo trabajado, no tuve más remedio que buscar en una caja de chocolates suizos en donde escondí el reloj que le compré a mi madre, para ofrecérselo a la brasilera a cambio de una quincena hasta que pudiera trabajar para recobrar el reloj y pagarle. Rosaura, una mulata de unos treinta y dos años, cabello negro largo, uñas postizas, con un cuerpo voluminoso y perfecto, me recibió en su habitación con la única condición de que no dejara entrar a nadie. En efecto, esa fue la única razón por la que me diera una mano: no debía contar con nadie; no novios, no niños, no amantes, creo que así no podía hablar conmigo de ningún tema y yo contenta de ya no hablar con nadie de mis asuntos y problemas, que por cierto parecían interminables y graves. Pronto entendería que siempre existe alguien que está peor que tú, y ni siquiera lo sabe.

La primera semana, cuando la bella mulata llegaba de madrugada, yo me levantaba y me iba todo el día en busca de trabajo. Ella también subrentaba a una pareja de travestis peruanos que no eran tampoco los dueños de todo el piso que ocupábamos, este a su vez se encontraba en un edificio muy antiguo; los dormitorios parecían más bien oficinas viejas, con techos muy altos y angelitos en las esquinas, los ventanales del pasillo tapados con periódicos amarillos por el sol, salones grandes que olían a podrido, a sucio y corroído, y que divididos por cortinas marcaban la estancia de sus inquilinos. Uno de los travestis era dueño de dos perritos malteses que mantenía en su alcoba y eran suertudos pues todos los demás cuartos estaban llenos de rumenos y búlgaros. Rosaura tenía el suyo propio y lo compartía solo conmigo. Nunca logré ver a todos los inquilinos, solo sé que usaban la cocina poco antes de la medianoche, antes de salir a ofrecer sus cuerpos. Los varones rumenos les hacían de maridos a los travestis, ellos los mantenían y les daban un techo a cambio de protección y compañía.

Uno de los travestis, era muy amable, se reía con un tono ronco seco que se escuchaba a kilómetros, dependiendo del grado de embriaguez le subía o bajaba al tono de su carcajada. Tenía una cicatriz a la altura del cuello y en una ocasión cuando se disponía a salir me pidió de favor si podía cuidar de sus perros. Me advirtió que ya le habían matado a un perrito en venganza y que me pagaba dos euros la noche por cuidarles y limpiar cuando la pipi les ganaba. Los sacaba yo muy temprano a las 6 a. m. al callejón o al parque para que hicieran sus necesidades y antes de marcharme los encerraba con su dueño que estaría con la habitual resaca. Una noche bastante extraña de esa habitación tenebrosa no salió nadie para ir a trabajar y los perros aullaban como confirmando lo inevitable, fue el único día que me quedé realmente pendiente esperando que la puerta abriera y hasta la mañana siguiente no salió ella, y a nadie más parecía importarle, los perros raspaban el piso cuando me acercaba a tocar con miedo y ya siendo casi el medio día afortunadamente Shantal —como se hacía llamar— salió gloriosa después de consumir una dosis no tan exagerada de cocaína, que casi la adelanta a la otra vida. Se había enojado con su compañera de cuarto, quien retorno como si nada después de unos días.

Me tomó del brazo pidiéndome que la acompañara a la farmacia. Su rostro sin maquillaje y sin peluca escondía la herida más profunda de la migración misma. La gente nos miraba sin compasión alguna, yo apretaba con ternura la correa con la que llevaba a sus dos hijos perrunos. Su cuerpo a veces se tambaleaba y amenazaba con llevarme con él al piso. Para mí no era ni él ni ella, sino solo un ser humano que encerraba en cada cicatriz el secreto mejor guardado de aquellas ciudades. La indiferencia y el horror de saber que hay un submundo que no se nombra pero del cual forman parte, una gran cantidad de hombres, buscando ya sea por curiosidad o por antojo experimentar el sexo opuesto con un ramillete afrodisiaco de nacionalidades extranjeras.

Siempre había pensado que alguien que ama a los animales no sería capaz de tener un corazón malo. Luego de comprarse algo en la farmacia que le estabilizara la presión de alguna manera, entramos a una *tabacchería* para comprar cigarrillos y un boleto de lotería. Entro ella sola luego a la pescadería y salió comprando algo para hacernos un plato peruano. Mi intención era dejarla en casa pero no me dejo hacerlo, me puso a picar cebolla y me enseñó cómo preparar su plato favorito: ceviche de pulpito. Lo mejor para la resaca, me dijo. Me contó además, mirando con cariño a sus hijos perros que en Perú también había siempre criado la misma raza, que les cortaba ella misma el pelo. Sin mucho detalle me vomitó sin pena que a él lo había violado—el hijo de perra de su hermanastro mayor— hijo del nuevo marido de su mamá, durante cuatro años. Cuando su mamá se dio cuenta lo botaron de la casa obligándose a aceptar el cuidado de unos mariconas viejas—como ella misma a veces se describía— con los cuales aprendió peluquería y otros oficios.

Aquel día vi dos mujeres más en aquel piso, una polaca muy joven con un bebé recién nacido que nunca dejaba la habitación sino solo para preparar el biberón de la criatura y una búlgara que parecía gitana, no debería haberse lavado nunca los dientes, pues los tenía muy negros. En esa ocasión nos la cruzamos en el corredor, venía llorando asustada, decía que la perseguían para llevársela lejos a trabajar en una constructora en donde tenían mujeres rumanas secuestradas. Shantal me aconsejó nunca salir de mi cuarto sola por las noches. El terror en los ojos de aquella "zíngara" como comúnmente se les llamaba me dio más motivos para procurar irme lo más pronto de aquel sitio.

Toda esa angustia la aguanté por menos de un mes —en realidad fueron tres semanas— que me parecieron interminables y dolorosas como la suerte de todas esas personas, que habrán sido unas dieciocho en total, más el pequeño lactante. Pero mi suerte no iba cambiando a mejor sino retrocediendo, me recorrí todos los conventos del centro de Milano haciendo fila por la *spesa* (una ayuda con compras que le ofrecían a la gente de la calle), les decía que donde yo estaba había un bebé y me mandaban a veces pañales, la madre del chiquitín no hablaba en ninguna lengua parecida, con rostro de niña solo abría la puerta y me los recibía cerrándome enseguida la puerta en la cara.

En la ópera San Francesco repartían también comida, y abrigos para el invierno. Apuntaban tu nombre y qué tipo de trabajo buscabas, yo siempre me ofrecía para ir de *nanny*, porque en cuidado de ancianos no tenía yo experiencia alguna. Como no tenían donde llamarme iba a ver yo a las monjas todos los días, sin ningún trabajo que estuviera disponible, puesto que siempre había alguien en peores condiciones; madres desesperadas por enviarles dinero a sus hijos o señoras ya adultas que no podían conseguir trabajo fácilmente. Las monjas ya no miraban a nadie con ternura alguna, puesto que siempre había una pelea entre el mar de nacionalidades que allí se encontraban. Senegaleses, filipinos, rumanos, búlgaros, polacos y latinos. En mi cabeza aparecía la imagen de La Torre de Babel a punto de desmoronar la sociedad italiana. Las peruanas odiaban a las ecuatorianas por robarles los maridos y las ecuatorianas, en su mayoría de la costa, apenas se enteraban que yo venía de la capital me hacían el feo y se me reían. También me odiaban por instinto natural. Sentía que no encajaba, ¿qué hacía yo allí? ¡Maldita sea! ¿Qué buscaba? Tal vez solo trabajar para comprar mi boleto de vuelta a casa. Volvía en la tarde antes de que anocheciera y enseguida me metía a la habitación desde donde escuchaba toda especie de ruidos. Mi ventana daba al balcón y pude observar en un par de ocasiones cómo los travestis convencían a sus clientes de pasar a hacerles el gasto practicándoles sexo oral, también llamado *pompino*. Un día, de tanto rogarle a la brasilera que me llevara a su trabajo, el cual era como mesera, me sacó con ella y me dijo:

—Toma, vístete con esta falda así enseñas un poco las piernas.

—No me siento cómoda, Rosaura. La llevaré en mi mochila y una vez estemos cerca del bar, me la pondré.

Ella solo me torció los ojos y me invitó a seguirla. Era la primera vez que salía por la noche y me di cuenta que la primera habitación que estaba en la entrada del piso tenía la puerta abierta y una pareja esperando afuera. Era uno de los travestis con un cliente. Me asusté, cuando me dijo:

—Hasta que te animaste, princesa.

No le entendí o no quise entenderle. Yo creía ciegamente que mi benefactora no trabajaba en nada turbio, ya que nunca había llegado a la habitación con nadie. Solamente salía por las noches y volvía en la madrugada, ni siquiera llegaba borracha. Al llegar a la esquina un coche nos recogió; el conductor —tal vez ruso— le preguntó por mí, diciendo:

—*E questa?*

—*Lascia estare* —le dijo ella.

Y entonces el hombre nos condujo hacia una autoestrada solitaria y misteriosa como mi propia arrendadora. Apenas nos bajamos, ella le advirtió mientras le pagaba:

—A las 4 a. m., Tony. No te olvides. Yo te llamo —cuando bajé del auto, no vi más que muchos carros pasar lento viéndonos de lejos.

Ella no se movió, y solo esperando que yo dijera algo me miraba con una sonrisa burlona, se adelantó a mí y reprochándome me dijo:

—¿En serio creíste que yo trabajo de barista, o de camarera? ¡Debes ser muy estúpida… prin ce sa!. Y se soltó a reír.

Tenía razón, aquella experiencia anterior con mis supuestas amigas, en la que había relatado que yo no tenía gran experiencia en las artes amatorias, me dejó como lección mejor no hablar ni preguntar mucho. Y nunca le pregunté más de lo que ella misma me dijera al conocerla. Continuó diciendo:

—*Minha menina, você* tiene que trabajar para pagar la habitación, no es tan difícil. Los clientes aquí tienen plata porque tienen carro. No como allá, que los maricones tienen que andar pagando. Aquí sí te llevan a un hotel decente, o si tienes suerte a su casa, porque son la mayoría solterones o divorciados. Los días que tengo suerte le llamo a Tony para decirle que me voy a quedar toda la noche con alguien, y te pagan mucho más.

Mientras ella me iba describiendo el supuesto trabajo, iban llegando más mujeres; se veían por su aspecto como brasileras, colombianas, polacas o rusas, con sus tacones altos y su piel de porcelana. Se saludaban entre ellas de lejos. Como se saludan las vecinas.

—Ya ves, yo te dije que vinieras cambiada, pareces una estudiante de colegio. Ven, te arreglo el cabello. Me darás mala fama.

La miré con susto y ternura, y le respondí:

—Rosaura, no, amiga mía, yo soy casi virgen, no puedo hacer esto.

Se echo a reír tan fuerte como pudo y me dijo:

—¿Cómo es eso?

—Ahora me da vergüenza contártelo. Mejor hablamos de regreso

Casi empujándome hacia un lado del camino, me dijo:

—No seas tonta. Si quieres, yo le hablo a mi amigo Roberto para que te traiga a alguien guapo, ellos siempre quieren jovencitas inexpertas. ¡Ay, qué emoción! ¡Casi no me lo creo! Puedes pedir bastante dinero. Ven, vamos a esa cabina a llamar a Roberto y ahí te pones la falda.

—Rosaura, no quiero —le dije parándome en seco.

Me miró con ira al mismo tiempo que su mirada caía al suelo.

—Créeme, vas a terminar haciéndolo con cualquiera y no te van a dar el dinero que vales. Ah, por cierto, el reloj ya no te alcanza otra semana, ¡así que o me pagas o te largas! ¿Regresarás a tu país sin nada? Cuando yo llegué a la bella Italia pasé por lo mismo que tú, sin nadie que me cuide, me hice mi propio camino. Mi mamá piensa que trabajo en un bar, si supiera que gano el doble tal vez me aceptaría. Aquí nadie te conoce. Puedes llevar una doble vida. Tengo un abogado chileno que es mi cliente fijo y quiere casarse conmigo.

Apenas escuché casamiento se me vino Xavier a la cabeza. Dije:

—Dame la falda, voy a cambiarme en la cabina.

Me dirigí rápidamente hacia aquel lugar y por suerte esta vez sí había llevado monedas con dos líneas hendidas, una tarjeta internacional y hasta el número de la policía que se encargaba de los migrantes. Timbró tres veces y con fortuna esta vez él contestaría.

—Aló, Xavier... Necesito un favor urgente, por favor, ven a recogerme... es de vida o muerte!

Me embriagué con promesas

Xavier, al enterarse dónde me había metido, me gritó preguntando si estaba yo loca.

—¡Si tu mamá se entera, no dudo que vendría ella misma a buscarte o te mandaría para el pasaje de regreso! Te acompañaré a recoger tus cosas. Te voy a dejar durmiendo en el furgón esta noche, te conseguiré una casa. ¿Por qué no me avisaste antes? Te he estado buscando con tus amigas, ellas me dijeron que solo te desapareciste, eres una irresponsable. Pudiste aparecer en los diarios un día violada o asesinada.

O simplemente no aparecer —pensaba—. Nadie se habría dado cuenta. De qué hubiera servido contestarle, si tenía en parte razón en todo lo que decía, pero no quería molestar a mi madre. Se suponía que yo iba a enviarle dinero y ayudarla. Además había algo que tenía que confesarle; era él quien me había dado mi primer beso, el que ofreció casarse conmigo, el que sonaba ahora como un padre. Tal vez estaba totalmente convencido que al haberme negado a que él fuera el primero, también me habría negado a otros. Era lo que venía haciendo. Negarme a mí misma. Una y otra vez. Negarme. Sabotearme. ¿Cuándo le iba a decir que él no iba a ser el primero? Era una conversación que debía ser a solas y en silencio. Había entre nosotros una clase de amor extraño, porque al final él quería acostarse conmigo desde que yo cumplí los doce años, tal vez yo hubiese querido también hacerlo con él primero, pero nunca fue suficiente. Nos distanciamos por cuatro años y cuando volvimos a intentarlo tampoco funcionó, algo le hacía falta siempre. Si los varones entienden el concepto del sexo tan fácil, ¿por qué debía de ser tan complicado para mí, tan solo no querer hacerlo con cualquiera? Era esa precisamente la razón por la cual no podía volver a Ecuador, me había dado cuenta que perdí al amor de mi vida tratando de encontrar a otro que me ofreciera lo que una sociedad me exigía.

Estaba harta conmigo misma, no entendía mi cuerpo, tampoco quería casarme tan joven. Con los años entendí que lo peor que podemos hacer es engañarnos con promesas blancas y creer que solo hay amor en las iglesias frente a una persona que te bendice siempre hablando de unión eterna y no sabe nada de relaciones, ni de criar hijos pero que mágicamente si nos garantiza el cielo con agua bendita y sermones. El amor es otra cosa y no se canjea con plazos atemporales ni ofrece garantías en ninguna sacristía del mundo. El amor es decisión, pero también pasión y locura. Es verse expuesto a nuestros más profundos apegos y aun así lanzarse dejando de lado el orgullo. Lamentablemente solo con el pasar de los años uno puede aprender tanto de sí mismo como para ofrecerle algo realmente profundo dentro de un inventario a otro ser que haya recorrido también un trayecto algo parecido y que entienda de errores en el amor pero también de triunfos.

Recogí mis cosas y me fui sin mi reloj. Afuera en el corredor los travestis no demoraron en darle sobrenombres a Xavier, mientras se reían viéndonos partir:

—Pedófilo, ¡te hemos cuidado muy bien a la criatura!

Él me miró con furia, mientras que a mí me dio risa. Me caían bien. Después de todo, nunca me ofendieron, ni cruzaron alguna palabra grosera conmigo, imagino que el lenguaje de cariño que Shantal mantenían con sus perritos le hizo entender que había aún inocencia en algunas personas también. Aunque eso iba a cambiar muy pronto. El reloj suizo, rehén de mi propio destino, marcaba las horas en cuenta regresiva. Se acababa el tiempo de inocencia de la virgen sudaca. El mundo ya no me miraría desde ninguna vitrina. No tenía mucha salida.

En la furgoneta el susodicho logró lo que siempre quiso, no voy a entrar en detalles, pero sé que se sintió tan forzado como el segundo beso que nos dimos cuando tenía los doce, le hacía falta magia y cariño. Lo único que diré es que fue la primera noche con él, y aunque yo no era virgen, él no lo sabía. Quería que se diera cuenta y que hablásemos al respecto para que yo misma me entendiera. Era o no era. Parecía una oveja en el matadero que siente terror al reconocer que solo fue alimentada para dar de comer a sus dueños. Me daba rabia de ponerme a mi misma en tal situación de porquería. Recordé —mientras me desvestía— el callejón donde quedamos en encontrarnos al siguiente día de mi primer beso. Mi mamá estaba despierta y yo me le escapé de la casa. No entendía para que iba si sabía que quería meter su lengua dentro de mi boca. Era algo que debía hacerse para ser considerada su novia. Casi no hablábamos porque él se limitaba a decirme lo bonita que yo era, lo mucho que le encantaba que yo usara esos shorts cortos, la belleza de mis senos que él había notado crecer en mi desarrollo, lo terso que la piel de mi cuello se sentía a su tacto. Jamás hablamos de su padre que regresó a Venezuela y los dejó abandonados. O de lo mal que yo me sentía al no tener hermanos que me defendieran de los extraños.

Sabía que el oficialmente era mi novio y que debía dejar que su lengua penetrara en mi boca, ya lo había hecho el día anterior así que esta vez sería más fácil. Era como tener una muela rota que aunque sabes que será fastidiosa o inclusive dolorosa, requiere de atención o cuidado dependiendo del grado de incomodidad que sienta el paciente o de si confía o no en el profesional que él mismo se puso enfrente. Todo depende del trato y la maña del dentista para que la experiencia sea plena o pase desapercibida. En efecto, después de terminar con su oficio me pidió disculpas, sin dejar de repetirme que yo merecía lo mejor en el planeta; una noche romántica, cena con velas (así como lo que me ofreció el marroquí pero sin jacuzzi); su único defecto era ser pobre, pero eso sí, muy trabajador, siempre se dedicó al *courier* y aunque me llevaba seis años lo vi desde Ecuador trabajar repartiendo café y periódicos de sol a sombra. En fin, ahí estaba yo viéndole todos los atributos esa noche para no fijarme en los defectos, y por supuesto encontrar la manera de tocar el tema para hablar a calzón abierto en algún momento con respecto a mi virginidad.

Me acomodó como pudo en un colchón enrollable mientras que él se dirigía a enrollarse con la hija del dueño de las furgonetas. Imagino que cuando logró verse a sí mismo como el futuro dueño del negocio, tomó la decisión de casarse con ella, y aunque la pobre carecía de gracia disponía en cambio de muchos medios para retenerlo. Y a mí, me estaba importando un pito todo de algún modo. Sentí que de alguna manera estábamos a mano. No sentí remordimiento, ni culpa, ni necesidad de retener a nadie. Pero él juró esa noche quererme y de lo único que pude darme cuenta en verdad es: que él a ella no la quería, como yo tampoco a él. Xavier quería algo suyo, para moldearlo a su manera, si bien muy en el fondo presentía algo raro en mí, no preguntó nada. Sabía que yo tampoco lo anhelaba de una manera concreta. Mientras, me cobijó con una manta; listo para salir del vehículo, me volvió a repetir la misma mentira: que cuando tuviera la residencia me llevaría a otro sitio. No durmió conmigo, ninguna de las tres noches que me ocultó en la "van". Y aunque por el día recorrí a su lado todos los suburbios sintiéndome parte de su vida, por las noches me ocultaba repitiendo el mismo ritual. La verdadera dueña del vehículo y de su trabajo pronto escucharía rumores de una ayudante coqueta que repartía con él paquetes. Yo me quedaba por las noches pensando, recordando y escuchando mis CDs, mientras desempolvaba al ángel que se cayó de alguna boca que me iba resultando lejana y ajena. Como la primera vez que estuve con mi loco artista. ¿Será que me aún me recuerda? Le dije al ángel ¿Le abra dolido perderme la misma noche en que decidí ser suya? Puse un CD nuevo que Xavier me compró en un *mercatino* de un cantante español que había muerto hacía poco tiempo saliendo de un centro de rehabilitación, y junto a los paquetes que como yo, aún no hallaban su destino, escuché aquella hiriente canción de Enrique Urquijo: *"… aunque tú no lo sepas, me he inventado tu nombre, me drogué con promesas y he dormido en los coches".*

X

Barba Azul

Como si se tratase de un mal presagio, el día en el que finalmente Xavier me ofreciera irse a vivir conmigo, yo ya no tenía otra salida que aceptar su propuesta porque fue precisamente el día en el que "su jefa" se enteraba de sus traiciones. Me pidió esperarlo en el parque mientras devolvía la van —junto con sus comodidades—, para irnos fuera de Milano a un trabajo que la misma compañía le ofreció repartiendo correo en un pequeño *paesino* (pueblito) llamado Azzano. Coincidentemente, continuando con el mal augurio de lo que me vendría, en este lugar histórico había sido apresado Mussolini junto con su amante, ambos ayudados por los nazis cuando estaban huyendo escondidos en una camioneta a fines de la Segunda Guerra Mundial. Vistiendo el Duce una chaqueta alemana, logró pasar el primer pueblo que ya estaba tomado por los partisanos, quienes veían victoriosos desfilar en su retirada a los vencidos alemanes con destino a la frontera suiza-alemana. Apenas llegó a Azzano lo descubrieron y lo fusilaron inmediatamente junto con su compañera; luego los transportaron de vuelta a Milano, en donde colgaron sus cuerpos en mitad de la plaza. Esa escalofriante historia rondaba por cada rincón del pueblo como advertencia o promesa de justicia para sus moradores y para sus visitantes también.

Era como cualquier otra comarca rural de Italia. Pocos habitantes, hermosos paisajes. De hecho, la casa donde el dueño de una gran bodega nos diera vivienda, tenía a sus espaldas nada más que el famoso lago Lecco, un lugar de ensueño donde famosas celebridades de Italia concurrían para tomar vacaciones en verano. Todos se conocían y organizaban celebraciones en torno a un monasterio que guardaba celosamente a sus curas y a sus secretos, bajo llave.

Los días fueron transcurriendo sin mayor problema, pero la dificultad de encontrarme un trabajo se hacía cada vez más grande. La gente no confiaba en los extranjeros. Y yo dependía de Xavier en todos los sentidos; aunque paseábamos regularmente por un trayecto que daba hacia el lago parecía que de pronto si nos habíamos enamorado. Veíamos caer las hojas de los árboles que se preparaban para el invierno, las conversaciones siempre terminaban hablando del futuro y de cuánto dinero necesitaríamos ahorrar para casarnos y establecernos allí, para planear la boda, traer a nuestras madres como únicas invitadas, comprar una casa, un auto, para poder decir al fin que habíamos cumplido el sueño de todo el que va fuera de su país, convertirte en una historia de superación personal con final feliz, al conseguir un estilo de vida ajeno al placer de sentir el sabor de tu propia comida mirando otros paisajes y siempre conociendo nueva gente. Y luego terminábamos el camino pensando en cuántos hijos deberíamos tener. Si terminarían nuestros días de vuelta en nuestro país o deberíamos envejecer con desconocidos. Desvelándonos, a veces sin conseguir conciliar el sueño.

Apoderándonos de cada espacio del cuerpo y disfrutando de la sexualidad y el afecto con el paréntesis en la cabeza que preguntaba si en verdad eso estaba funcionando. Lo malo de no estar seguro al amar a alguien es darte cuenta de que no puedes hablar en tu idioma, el de la poesía y las bromas, por ejemplo. Que entienda con miradas, sin hablar lo que te va sucediendo. Como tenerlo todo al alcance y no poder extender las manos para agarrarlo.

Una noche mientras esperaba que él terminase de repartir guías telefónicas, me asomé por la ventana que iba a dar a la iglesia y pensé en lo que me había dicho. ¿Nos casaríamos? ¿Era verdad? Yo había pedido eso con mi necesidad y falta de control sobre mis decisiones. Entonces pensé en ser sincera y decirle que yo no había sido virgen del todo y que estaba confundida. No era que no lo quisiera, le estaba agradecida por ofrecerme una vida decente pero en verdad era a otro a quien mi corazón y mi cuerpo le pertenecieron anteriormente. Busqué la carta que escondí en el CD de las copas, aquella carta de despedida que le hacía a un fantasma, en la que aparte de agregarle lo estúpida que fui al venir a Italia le preguntaba qué había sido de él en todo ese tiempo. ¿Me habría ya olvidado? Nunca se la envié de todos modos porque al poco tiempo deje Suiza y no tenía un lugar fijo a donde él pudiese responderme. Me despediría de él entonces al fin, argumentando que ya no esperase por mí, que pronto me casaría con otro, le seguía deseando que pudiera encontrar exitosamente a la indicada y que fuera feliz como yo creía ya serlo. A partir de ese día dejaría de pensarlo. Me casaría con otro. Lo estaba soltando y era yo misma la que debía entenderlo primero.

Apenas sentí el vehículo de Xavier estacionarse, mi corazón dio un brinco. Al fin podía ser honesta y dejar todo atrás para casarme de blanco como Diosito quería. Después de todo a él no le importaría que hubiese estado una sola vez con otro hombre. El me tendría desde entonces por siempre. Lo saludé dándole un beso profundo como se había vuelto costumbre en aquella especie de mini luna de miel. Le comenté cómo sucedieron las cosas, que creí haberme enamorado de otra persona en su ausencia y que aunque parecía confundida con el pedido que él me hacía, sabía que el cielo me estaba confirmando que estábamos en el camino correcto. Y que yo debía también hacerlo correcto al confesárselo.

Le tomé por sorpresa, y a mí él en cambio me tomó por el cuello. Me empujó hacia la cama y recuerdo claramente cómo su semblante fue cambiando de pálido a rojo a medida que sus dedos iban encontrándose tan cómodos comprimiendo mi yugular. Y aquel muchacho tranquilo se fue transformando en una bestia, aunque quisiese quitármelo de encima las fuerzas me estaban abandonando, y mientras él seguía apretando mi garganta la habitación para mí comenzó a dar muchas vueltas. Me repetía tensando los dientes que cuando me tuvo en la van por tres días, era para realmente cerciorarse de que yo fuese aún virgen y que nadie nunca me hubiera tocado.

—¡Soy un imbécil! —se repetía. ¡No me di ni cuenta!

Creo que me puso en un pedestal tan alto y al bajarme quería asegurarse de que lo hiciera haciéndome mucho daño. Quería hacerlo con sus propias manos. Unas manos que habían trabajado arduamente. Unas manos rudas e insensibles, que no admitían guardar rencores pero tampoco errores. Cuando me sintió sin aire me soltó; mientras que yo tomaba conciencia de lo que estaba pasando, quise planear cómo ir por mis cosas, y él lo notó. Se dio cuenta de la carta que yo guardé minutos antes en un libro y no me dio tiempo alguno, agarró una navaja para abrir sobres, y despojándome de mi pijama la cortó junto con mi ropa interior.

—¡Lárgate! Así, sin ropa... Si puedes — dijo.

Yo estaba temblando, me tapé con un par de mantas. Lo desconocía por completo, la furia se apoderó de él, se quedó allí estupefacto con la carta y la daga entre sus manos, al terminar de leerla la rompió en mil pedazos y ya ni siquiera hubiera aceptado una explicación en ese momento. Pobre de mí, mi ángel no aparecía por ningún lado.

Se puso un puño cerrado en la frente como arrepintiéndose de todo y con el otro puño con arma en mano me señaló varias veces llamándome zorra, me dijo que era igual a las demás y que no valía la pena todo su esfuerzo, que probablemente había estado ya con muchos otros, y que hasta cobré por mis servicios antes de llamarlo para que supuestamente me rescatase de aquella especie de prostíbulo. Y yo, que solo pensaba en salir corriendo, me preguntaba: ¿para qué entonces los hombres entrenan tanto subiendo y bajando del cuerpo de otras mujeres, si no son capaces de darse cuenta de esas cosas? Menudo argumento. ¡Qué estúpido!

Luego de querer llorar, soltó la navaja y como un niño berrinchudo se aferró a mi cuerpo. Sentí un asco absurdo hacia él y hacia mí misma, una lástima que dolía al ser considerada poco menos que la basura.

Prácticamente me maldijo, mientras me repetía que lo perdonase. El trauma no me permitió moverme siquiera, solo recuerdo que las mantas nunca abrigaron mis frías piernas en toda la noche. Cuando intentó con un movimiento aprovecharse de la desnudez de mi parte inferior, le grité que no me tocara mientras mi cuerpo aún temblaba de miedo. No le dije que me iría apenas amaneciera, pero yo creo que él lo sabía, por eso no me permitió vestirme; sacando mi maleta del armario recogió todas mis pertenencias y las acomodó junto a su cabecera encima del velador que quedaba del lado de su cama y con una linterna me alumbraba el rostro pidiéndome que le hablara. Mientras, me continuaba repitiendo que la culpa era mía. Recuerdo que lloré en silencio, soltando el aire bajito, no quería despertarlo, para no escuchar más sus razones, no quería aceptar que en cualquier momento él podría volver a enojarse y mandarme a la otra vida.

No dormí ni una sola hora, solamente pensaba: "así es como después de todo se pierde la inocencia" este monstruo en forma de hombre me la estaba quitando. Mis esperanzas de damisela esperando encontrar a alguien que se hiciera cargo de mi vida se habían esfumado y nuevamente como un paquete sin remitente me acurruqué mirándolo de reojo sin darle las espaldas, esperando que solamente ya amaneciera. De tanto en tanto él cogía la linterna y alumbrándome el rostro continuaba preguntándome si estaba despierta. Por un momento pensé que debía haber estado psicológicamente perturbado y era yo la que realmente nunca se dio cuenta del pequeño detalle.

Estaba aún obscuro, habrían pasado unas horas. Cuando lo supe dormido, me levanté muy despacio y me dirigí directamente hacia afuera al tendedero de ropa, recogí las pocas cosas mías que hallé en el comedor y dejé mi maleta con mi cámara de fotos y unos rollos sin revelar encima de la televisión, no quería hacer ruido. Mi música, mis CDs, mis libros y un poco de lo que yo aún era se quedaban con él y sus promesas de matrimonio. La verdadera virginidad la perdí entre sus manos, aquel día, cuando mi cuerpo aceptó la responsabilidad de que por su culpa no habría casamiento alguno, que la parte de mí que confió en él se murió en aquel lugar, fue ejecutada como Mussolini y si no corría pronto sería colgada ya muerta para mi escarmiento por toda la eternidad. No hay nada que vuelva de vuelta cuando una mujer siente que el hombre que ofreció protegerla de pronto ya no la quería ni viva, ni entera.

Así como no hay nada que pueda parar a una mujer que sabe que ha sido agredida pero que primero se agredió a sí misma forzándose a tragar sus propias mentiras. Salí vestida como un espantapájaros con zapatillas de baño para tomar el primer tren, no importaba a dónde fuera. Me sentía perdida de rumbo —más de lo habitual—, no había dormido ni un solo minuto. Caminé hasta la estación rodeando el hermoso lago, que amaneció ante mis ojos con sus aguas más cristalinas que nunca. Tomé el primer tren y fui a parar a Lugano, porque era el que salía y de allí en otras tres horas de vuelta a Milano. En la estación le hable a un oficial pidiéndole su ayuda. Al verme vestida de esa manera le dije que si no me ayudaba iría a pedir de todos modos ayuda a la policía. La chispa innata de mi amabilidad y coqueteo había desaparecido por completo. No me quedaba más vergüenza que la que ya traía encima.

En el camino de regreso ya no recuerdo haber visto ni paisajes, ni montañas, ni el reflejo en mi ventana. No había música esta vez acompañando mis penas. Caí redonda en un sueño profundo como la protagonista en el cuento de Barba Azul, a la cual su esposo ofreció matar por descubrir su secreto, y que a pesar de recibir de su intuición señales que le permitieran alejarse del asesino, ella aceptó su suerte pensando que se lo merecía por curiosa y por atrevida. Usó la llavecita que no debía. Pero para alegría del propio cuento, no murió. Aún estaba con vida.

Ahora recuerdo, la primera vez en la discoteca acompañada por mis amigas, vistiendo el mismo escote de aquella única blusa que me recordaba lo que era sentirme bonita y atractiva, cuando Xavier al verme, me dijo:

—No me gusta esa blusa, ¡pareces puta!

Debí haberme dado cuenta, todo hombre inseguro habla siempre o con torpeza o con ofensa, con un rencor propio al miedo de sentirse rechazado, superado o engañado. Algunos quieren arrebatarle la felicidad a la vida a punta de puñetazos. Incluyendo el amor, tema complicado. Y yo iba dejando mis cosas regadas por donde iba, con pedazos de mi vida encargados a terceros. El reloj con el tiempo perdido que nunca pude recuperar, las joyitas como mis supuestas amigas desaparecieron cuando más las necesitaba, mi maleta entera llena de mala suerte, tal vez al fin el ángel ese se habrá muerto del coraje. Pensé: "Ojala se haya llevado el sentimiento agridulce que me traía solo angustia y mala suerte"

—¿Y mi pasaporte?, documento único y vital para poder viajar de vuelta a casa. ¡Rayos! También lo acababa de dejar. Así como mi documento único corporal que me certificaría apta para una felicidad marital, oficialmente también lo había perdido, ya no era virgen, no tenía ya valor alguno para ningún hombre. ¿No tenía nada que ofrecerle a nadie?¿Acaso no bastaba tan solo conmigo? Yo no tenía a nadie más que a mí misma. Y eso me iba sonando de maravilla, al final a la única que debía rendirle cuentas por haber sido tan estúpida era a mí. En el fondo, a veces queremos sentirnos tan amados que olvidamos que la otra persona se merece esa misma dosis de amor también. Y cuando no encontramos como moldearnos unos con otros, terminamos por desfigurar el verdadero amor. Lo llamamos amistad con derechos, pero por más que forcemos y estiremos el cariño. A veces no es suficiente. La felicidad no está en el otro, ni pende de un hilo tan delgado como el himen de una mujer. No sabía si eso era algo bueno o malo. Desde ese momento entendí que el valor de una sonrisa tiene más significado si te la obsequias con compasión a tu propia alma herida. Que sabes que va a necesitar el perdón más importante para superar la prueba y continuar. El tuyo propio.

XI

Me haré puta

Bajé del tren, ¿a dónde iría? Regresar a esa casa de los *gays* ya no quería y la calle era muy peligrosa para mí propia impotencia, porque tenía la mitad que quedó de mi propia dignidad gritando: ¡Ahora sí voy a hacerme bien puta y voy a cobrar caro, carajo! Tanto darle vueltas al asunto de ser virgen y dibujarle un significado, para que llegue este pendejo que fue el único que quería casarse y me salió loco el desgraciado. Me reí, ¡no quería perder mi buen humor! Cuando las mujeres entregamos todo a cambio de nada, y nos cansamos… recibimos en nuestro inconsciente la propuesta de ser y hacer todo lo que se nos venga en gana y pasamos de creernos monjas abnegadas a querer ser bien putas y regaladas. La verdad por el momento solo quería buscar un refugio: iría al convento a pedir posada, tenía mucha hambre, comenzaba a hacer ya frío —el otoño se hacía presente con sus colores sombríos— después de todo había sido ultrajada y no me había dado cuenta de que estaba sin ningún abrigo encima, tal vez las monjas sí me darían prioridad esta vez.

Y así fue como las "Madres Benefactoras de la Sagrada Orden Religiosa Católica Femenina de Vida Monástica Benedictina", al verme llegar con ropas de varón y revisarme las marcas en el cuello, enseguida me acogieron por una semana entera. Ahora me sentía feliz de saberme bien recibida, ya podía ser considerada como alguien sin ningún valor para la sociedad. Ya no tendría que preocuparme por ser una chica atrevida y divertida que encantaba a todos los muchachos de mi barrio y al mismo tiempo no ser el prototipo de mujer que ellos escogerían para casarse, pues buscarían a toda costa terminar siempre con una santa paloma que no dijera como yo lo que piensa queriendo ser honesta, que no abriera su boca para hacerse escuchar. Como dije me haría o bien monja o bien puta, me daba igual.

Pues aunque no lo creamos este asunto de amar hormonalmente es complicado para todos. Los hombres que en su mayoría tienen toda la testosterona a mil, cuando son jóvenes, quieren copular mañana, tarde y noche con cuanta mujer se cruce por su camino, no importa la edad, ni la forma de sus cuerpos solamente que sean igual de entusiastas que ellos, puesto que su miembro simplemente o no les hace caso o no razona. Y si por casualidad se llegan a enamorar de una buena candidata, —que sea virgen por supuesto— no paran hasta que no la consiguen como ganándose un trofeo. Si la chica es lo suficientemente inteligente como para extenderle las ganas a veces logrará atrapar al novio y terminará casándose con él. Pero el pobre nunca sabrá si es lo suficientemente varón como para satisfacerla, porque como ella es —tan inocente—; ¿Cómo podría saberlo si no lo ha comparado con alguien más? Así cualquier problema de pareja será relacionado con no saber satisfacer a su dama y en su machismo no querrán lidiar con ser evaluados por su inexperiencia en las artes amatorias. Entonces se consiguen otra candidata por fuera que si pueda confirmar su virilidad.

Para las mujeres no existen pruebas de ensayo sin que nuestra reputación caiga primero por un barranco de desdicha, si jugamos a ser muy atrevidas con suerte no terminaríamos enterradas vivas en el cementerio del aborto. De donde el instinto materno nunca regresa con vida. Pues las heridas emocionales van empujando a las féminas cada vez más hondo a ser consideradas asesinas. Y no es lo que los otros digan sobre su cuerpo lo que las lastima en una sociedad patriarcal mezquina sino lo que sus entrañas mismas le gritaran de por vida:¡Asesina!. Porque aunque el asunto es complicado y movedizo si pudiéramos crecer sabiendo que valemos mucho más que un himen, nos prepararíamos mejor empoderando nuestra matriz para no ser lastimada con decisiones que en un principio son de dos y luego terminan de a uno, y dentro de ese uno, ninguno.

Y si por casualidad sobrevivimos a la juventud sin experimentar la sexualidad a nuestro antojo, nos conformaremos con creer que el matrimonio solo es cuestión de entenderse y de que te toque un buen compañero. Que con suerte no te golpee, ni te maltrate porque allí en ese convento con cientos de mujeres pidiendo ayuda, lo corroboraría. Todas ellas dignas de admiración. Manos de obra barata importada de otros países asiáticos, madres latinas trabajadoras haciendo fila para ser explotadas con gusto, italianas ex-adictas o víctimas del maltrato, o europeas del este sobrevivientes de la trata de blancas… De todas las partes del mundo sintiéndonos juntas: un pedazo de nada.

Allí encontré a Rita. Una muchacha albanesa de veintiún años que tenía piel, ojos y rostro igual a las propias Vírgenes caucásicas del convento. Esperaba ser juzgada por prostitución y falsificación de documentos. La trajeron hacia un año ocho meses ofreciéndole trabajo como modelo en Mónaco-Francia. Entró en un ferri (pequeño barco que cruza el canal del mar adriático con destino a la ciudad de Bari), la bajaron hacia un carro y la encapucharon para que no supiese a dónde se dirigía. Después de viajar hacia Roma y quitarle el pasaporte, diez hombres le bautizaron con diferentes nombres en la primera noche de su arribo. Al día siguiente fueron veinte y así fue aumentando la cifra junto con las amenazas que recibía de que su madre amanecería muerta un día si ella pretendiese siquiera escapar. La que la convenció fue precisamente su prima de la cual solo se escuchaba historias de prosperidad. Un día llegó para visitar a su familia y "reclutar" a cuantas jóvenes ansiosas quisieran viajar con ella de vuelta a Francia hacia el paraíso de los casinos. Por supuesto la exitosa modelo estaba canjeando su libertad. Después de que su propia sangre fuera vendida como carne nueva, ella desapareció con destino a Inglaterra y más nunca se la volvió a ver.

Rita aprendió a hablar italiano viendo una sola hora al día la televisión italiana, en el horario de las novelas. La mayor parte del tiempo su cuerpo era vendido en bodegas adecuadas para recibir miles de clientes por cortas temporadas de tiempo o en casas destartaladas que se volvían cómplices de su mala fortuna. Pasó de ciudad en ciudad y de mano en mano controlada siempre por la mafia albanesa hasta llegar a Milano, en donde la oferta superaba a la demanda y ella dejó de verse tan guapa. Pedían comida y a veces le tocaba hacerla alcanzar hasta por tres días, en el último tiempo ella ya a ningún cliente apetecía pues había muchos negocios de que ocuparse como el trafico de drogas y de armas.

Muchas de sus compañeras se hacían adictas a la cocaína. Y empezaron a rogar a sus captores para que las retuvieran. Al final, las abandonaron a su suerte por no gastar una bala en su cabeza, —tan poco valía su opinión como su propia vida— y la policía no demoró en llegar para arrestarlas. Nadie sabía quiénes eran ellas y al parecer tampoco ellas querían volver a casa, pues Rita —nunca supe si ese fuera su nombre— repetía incesantemente a las monjas que la retuvieran allí mismo lavando baños, pues prefería morir en las calles que regresar a un país lleno de familiares con hombres corruptos y machistas, que aseguraban la matarían por deshonrar a la familia. Rita aseguraba que sus clientes italianos eran buenos pues nunca se atrevieron a golpearla.

Al parecer en la Italia de aquella época todo era un asunto de mafias. Los que controlaban las empresas de limpieza, los que controlaban la droga, los que vendían esclavos provenientes de África. Todo eso bajo la vista y paciencia de sus ciudadanos que no entendían de qué clase de infierno tercermundista uno viene huyendo para que pueda considerar esa nueva vida como digna. Allí estaba yo entre todas esas víctimas sintiendo que lo mío era una pelusa en el ojo, aprendiendo con las monjitas a hacer pan para la cena, re aprendiendo a ser buena, olvidándome de ser yo misma. Sobreviviendo a mi autoestima destrozada, rezando el rosario del ya no quiero hacerme puta. Cruzándole los dedos a virgencitas prestadas de todos los países, para ver cuál era realmente la eficaz, yo solo me acordé de la Virgen del Panecillo, me encomendé a ella y al parecer dio resultado puesto que a cambio las monjas me consiguieron cuidar a una ancianita.

XII

La noninna

Me mudé a uno de los únicos edificios que permanecieron en pie después de ser bombardeados en la Segunda Guerra Mundial, en pleno centro del área histórica de la ciudad. La *nonna* que yo cuidaría vivía con su hija y dos nietas; iría a reemplazar a una señora peruana que se iba de vacaciones a su país por seis semanas enteras.

La *nonnina* pasaba los ochenta, y aunque estaba saludable sufría de alzheimer y demencia. Junto a su cama instalaron la mía en una habitación que también poseía ángeles, y digo también porque como lo mencioné anteriormente, la casa de citas también los tenía. En mi caso los ángeles iban siendo un tema recurrente, testigos silenciosos de mis aventuras. Mi trabajo consistía en vigilar por las noches a la abuelita que por alguna razón conocida para la demencia, quienes la padecen se activan de manera nocturna y al encontrarse ella recapitulando su vida de pronto podría encontrarse junto a una desconocida que de preferencia debía ser "carina" (amable, bonita) porque bien cabía la posibilidad de que se pusiera agresiva. A veces los medicamentos ya no le hacían efecto y en un par de ocasiones me desperté con la vieja observándome dormir muy detenidamente. En otra de esas veces, cuando me desperté, corrió a esconderse detrás de las cortinas de terciopelo color concho de vino que asemejaban un pequeño teatro. Allí estaba yo de frente, a veces con miedo, a veces con risa contemplando el final del espectáculo de la vida.

En otra ocasión en que su hija se despertó de madrugada con los gritos que la anciana dio cuando logró salir al corredor amenazando escaparse con algún novio, me recomendaron apretar muy fuerte las sábanas como atándola a la cama con las cobijas. A la medianoche del día siguiente desperté con el sonido de su cuerpo cayendo al piso, la verdad es que la *nonna* extrañaba a quien ella llamaba la "tzia" (*zia*), que era la mujer peruana que se había convertido en su última compañera de recuerdos después de que su esposo muriera. *"Il morti chiamano i morti"* me repetía; en efecto, a los seis meses de la muerte de su esposo, murió su yerno y una prima, la secuencia de las muertes tenían un lapso de seis meses y se iban. Pasaban los días y cada vez yo la encontraba hablando con el aire, con la televisión, con la ventana, con la silla, la estaban ya llamando sus *parenti*, (parientes) me decía, después de todo yo era su "cugina" (prima) como ella me llamaba y por las noches se confesaba con los cuatro ángeles que de a poco se fueron sumando con nombres y apellidos en el transcurso de las semanas hasta dar la suma de veintiocho.

María terminó sus vacaciones y regresó pronto para ver morir a su *nonnita*. Cuando la anciana la vio sus ojos se iluminaron y curiosamente fue a la única a la que reconocía, para los celos de su hija. Así, frente a su lecho de muerte y sin reproches ni excusas, comenzaron a buscarle las nietas y su hija ropas adecuadas para su funeral mientras botaban lo demás en grandes bolsas negras de basura, y se repartían sus joyas frente a nuestros ojos atónitos que no podían creer lo que veían. Guantes, sombreros, bordados antiguos, su colección de zapatos, toda su historia se iba juntamente con ella. Menos mal la ancianita sedada ya no podía entender lo que ocurría.

Partió la *nonnina* una mañana fría de los últimos días de noviembre. Fuimos invitadas a su funeral la *cugina* y su *zia*. En Sudamérica nos enseñan tanto a respetar a los adultos, a los taitas; pero sobre todo somos campeones para llorar en los entierros, puesto que nuestro dolor es un dolor que viene aguantándose siempre pero de alguna manera termina volviendo a la tierra. Al parecer cuando alguien muere lloramos por todo lo que se pierde. Todo lo malo que nos haya pasado últimamente. Para el migrante no hay psicólogos, ni terapias, y nuestro dolor era el único que armonizaba con todo lo lúgubre y triste de aquel cementerio. Nadie lloraba, ni una sola lágrima había. Y yo lloré y lloré, para la gente, sin aparente razón alguna. Me dio vergüenza ajena, era como si nadie hubiese querido a la viejita.

Si hay algo que pueda explicar la mentalidad de las generaciones nuevas en aquellas sociedades futuristas, es que todo tenga un precio. Que vivan como si tuvieran una vida de recambio ahorrada en un banco. Pagar para que alguien cuide de sus hijos tal vez perdiéndose sus mejores años, sus primeros pasos y travesuras, sus ocurrencias y caricias para que puedan ellos alcanzar el éxito en la carrera de la vida; y cuando sean ellos viejos, sus hijos les puedan otorgar la misma suerte haciendo lo mismo por sus padres, buscando a alguien que les ayude a cuidarlos y con suerte a llorar también su muerte, porque por parecer estrecha la senda que conduce a la gloria a veces se va pareciendo más bien a egoísmo y soledad, cuando al pasar de los años lo que se va precisamente es la mercancía de la vida.

Lo que me parecía injusto es que esa ancianita pertenecía a la generación que vivió las miserias de la guerra. Personas que sabían lo que era el hambre y el frío pero eran fuertes, resilientes y longevas como los mismos cipreses que se extendían majestuosos hacia el cielo, en aquel lugar santo lleno de gente que siempre supo más que ellos por saber usar la tecnología y que ni llorar aprenden para no mostrarse tan humanos y susceptibles. Pero lo que todo el mundo presintió se hizo cierto la nona volvería en seis meses por su hija.

Al terminar la ceremonia abracé a María, me dijo que deseaba que pronto las dos encontráramos otro trabajo. Estaba a punto de decirle que me regresaría apenas cobrara el dinero cuando dos copos blancos cayeron por encima de su hombro, era la primera vez que veía la nieve. Transparente. Divina. Fría. Poco a poco el aire lúgubre fue trayendo un viento nuevo. Un cambio de estación y de vida. Al parecer mi llanto con intereses traspasó la barrera del lenguaje. O intercedió por mí la difunta.

Una mano me tocó por la espalda.

—*Ey, ragazza! (muchacha)*

Era una vecina del mismo edificio en donde vivía hacía un mes con la ancianita, que andaba buscando de urgencia una *nanny* para su familia. Al fin conseguiría un trabajo estable. Cuando el momento de ir de regreso a casa estaba llegando, siempre algo lo impedía. Al parecer a esta sudaca se le estaba componiendo la vida.

XIII

PRADA

Mil doscientos euros al mes y mi labor empezaba a las 8 a. m. para vestir a los niños —Kiara de cinco años y Alberto de tres— y llevarlos al kínder y al pre kínder respectivamente. De regreso debía retirar uno que otro traje de la tintorería, comprar la leche, la *focaccia* para la *merendina*. Limpiaba el departamento, hacía las camas y me encargaba solo de la ropa de los niños. Me cocinaba algo o venía la *nonna* de los pequeños a enseñarme cómo preparar la pasta y la pasata en todas sus formas y colores. *Gnocci* y tiramisú. Polenta y pizza. De paso supervisarme o charlar conmigo acerca de cómo su hijo ya fallecido hacía diez años aún le respondía con mensajes desde la otra vida. El asunto es que un padre muy sabido, les hacía de intercesor, como una especie de médium para recibir y enviar mensajes trayéndolos desde el más allá al más acá, a quien los fervientes devotos le pagaban por carta y lo cierto es que la *nonna* recobraba la alegría dependiendo de qué aventuras su hijo se encontrara haciendo en la otra dimensión ya no tan desconocida. A veces nos íbamos al *mercatino* que quedaba al lado de la iglesia, solo para saber si el cura ya había recibido contestación a sus preguntas. Como toda buena italiana *furba (picara)* a veces me decía que le dolía la espalda y que la acompañara a hacer las compras. Kiara y Alberto salían a las 4

"

p. m., solía llevarles *focaccia* o galletas y casi como un ritual pasar al parque para que pudieran jugar con otros niños de su edad.

Todas las *nannies* nos conocíamos, dominicanas, rusas y eslovacas. Yo parecía ser la única que pensaba diferente, el resto solo hablaba de lo mismo: Quitarle el marido a la italiana, conseguirse un chofer, o el dueño de un restaurante, puesto que todos sin alguna razón en especifico compartían la afección por las *nannies*. Todas jóvenes y estilizadas. Todas menos una joven peruana estudiante de enfermería. En un par de ocasiones quedé en ir al salón de belleza con ella pero nunca fui. Todo lo ahorraba, inclusive me sentía más segura viviendo con la familia y no pagaba *affito*, porque quería ir a estudiar Artes en la Universidad de Firenze así como Antonio, un muchacho universitario recién graduado de Fisioterapia, compañero de la nannie enfermera quien había culminado sus estudios y que se encontraba especializándose en Ciencias Motoras en la Politécnica de Milano. Cuando me lo presentó me engañó con su acento y pinta de chileno, pero en realidad llevaba sangre mitad peruana, mitad italiana y pronto dejaría la ciudad para ir a realizar sus prácticas a Roma. Yo también quería superarme y viajar como él, ya no para salir huyendo sino por cuestión de estudios.

Aunque no me podía quejar, ganaba muy bien pero siempre algo me faltaba. Tenía un trabajo con niños que me encantaba porque podía dar rienda suelta a mi creatividad atrapada. Nos disfrazábamos y contábamos cuentos. Las tardes transcurrían entre darse un baño entrando a la tina, tomar la merendina y ver una película antes de que vinieran mamá o papá. Ambos con carreras exitosas, siempre insistían en que no debía dejar que sus hijos se encariñasen tanto conmigo, que no era algo profesional. Y al mismo tiempo festejaban mi calor latino que cada mañana con caricias iba despertando en ellos lo que nuestras culturas enseñan: que demostrar el afecto con apapaches después de todo, no esta tan mal.

Los jueves la pareja salía para tomar clases de salsa. Yo me quedaba con los pequeños en casa mirando películas hasta tarde. En las vacaciones fuimos con la *nonna* al mar y a la *campagna* (montaña), nos alquilaron una casa y yo tenía acceso ilimitado a la tarjeta de crédito para realizar las compras o los antojos de los niños luego de salir del mar. Me estilizaron mucho en tan poco tiempo, la madre de los niños trabajaba en PRADA y siempre venía trayendo algo "para que me lo probara"; al final terminaba por regalármelo y entonces con más razón me perseguían desde el señor que venía a dejar la leche fresca, el muchacho que limpiaba las piscinas y el dueño de una pizzería. Porque el verdadero italiano cede por tres cosas: El buen vivir, el buen vestir y el *buon mangiare (comer)*. Aunque era yo muy amable y conversona, no lo niego. Desconfiaba mucho de los hombres. Disfruté mucho de mi trabajo, que se extendería por un año y dos meses hasta que el destino me volvió a encontrar trayéndome de vuelta a la realidad.

Salió la ley migratoria, que permitía a los empleadores ofrecer la residencia a sus trabajadores, pero yo necesitaba mis documentos. Durante todo ese tiempo, yo no presenté más que una *tessera (ID card)* en donde las monjas me habían registrado como migrante, pero para poder obtener el permiso de *soggiorno* o de estadía permanente era necesario confrontar mi pasado y llamar a Xavier para poder recuperar mi pasaporte. Realizar el trámite en mi consulado para renovarlo comprometía efectuar una denuncia puesto que aún estaba vigente y todo ese trámite superaba al tiempo máximo para aplicar a la ley de estadía. No me quedó otra alternativa que llamarlo. Lo hice con mi voz entrecortada, acordando una cita cerca de donde yo trabajaba en un café a la hora de su *break*. Al verme, por supuesto mejor arreglada y con un mejor panorama de futuro, me confesó lo mal que se sintió, sin saber de mí en todo ese tiempo. Que me había estado buscando y que tuvo que volver a la ciudad sin poder encontrar un trabajo bueno. Me comentó que volvió por el reloj que yo le compré a mi madre y que no tenía que preocuparme por pagarle nada. Esa información Rosaura me lo había confirmado en un intento que hice por recuperarlo cuando cobré mi primer sueldo. Para mi sorpresa, se mostró tan amable, pero yo no hacía más que imaginar sus manos en mi cuello. Le dije que había conocido a alguien y que estaba muy feliz en esa relación (aunque fuera mentira) puesto que Antonio siempre estaba o estudiando o era demasiado serio a la hora de hablar de romance. Lo que me convenía puesto que no quería yo complicarme nuevamente con ese tema todavía.

Él en cambio me confesó que la peruana no quiso volver a verlo y que desde entonces había arrendado un lugar, en donde vivía con veinte personas repartidas en tres habitaciones. Que hasta se habían puesto sobrenombres con números para ir al baño, así por ejemplo 777 era el nombre de su mejor amigo, que dormía compartiendo su habitación con parejas en las literas y que la última vez tuvieron que llevar al hospital a su amigo porque sus compañeros de cama, una pareja de esposos, se pusieron a hacer la tarea en la parte superior de la litera y se cayeron de pronto encima del pobre muchacho dejándolo casi-casi sin poder respirar. Por un momento me olvidé de que mi agresor era un ser peligroso, y solamente decidí dar la vuelta a esa página diciéndole que no le guardaba rencor, pero que lo había contactado en verdad porque necesitaba el pasaporte.

—¿Tienes la maleta en tu furgón? —le pregunté.

Él me contestó que si la quería de vuelta tenía que acompañarlo a su casa, porque debía tres meses de *affito*, y que la dueña no les dejaba sacar nada si primero no se ponían a cuentas. Que no trajera extraños porque a la dueña no le gustaba. Me quedé helada con su propuesta y le dije que no iría. Me resigné a perder mis cosas, después de todo yo no quería involucrar a nadie, menos al único que sabía que podía acompañarme: Antonio. Habíamos salido solo en cinco ocasiones antes de que tuviera que ir a realizar sus prácticas a Roma. La *nannie* peruana a veces me parecía interesada mucho en él aunque me lo negara. Las opciones se interrumpen en mi mente cuando Xavier me pidió mi número telefónico para llamarme y le contesté que aún no tenía uno; le había mentido, pues en verdad solo no quería volver a verlo nunca más.

Yo nunca le conté a nadie lo que él me había hecho, menos a Antonio; quise guardar los detalles más bochornosos de ese capítulo de mi historia en un lugar remoto fuera del alcance de mi propia memoria. Siempre dije que mi maleta la había perdido en un viaje en el cual por supuesto me quedé sin nada. Pensé en amenazarlo con llamar a la policía diciéndoles que él no quería entregarme el documento, pero los días pasaron sin que pudiera hacerlo. Él tenía preparado un mejor plan.

XIV

La maleta

Comencé a sentir un miedo que estaba fuera de lo racional. Yo creo que ese día Xavier me había seguido, porque el *citofono (timbre)* sonó un lunes a a las 2 p.m., y era el conserje que me decía que había un paquete para mí y un muchacho de la *posta* esperándome en la entrada para entregármelo personalmente. Yo, estaba sola y prácticamente aterrada pues no quería perder mi trabajo, le dije que lo dejara pasar. Pensé que era mejor atenderlo en ese momento, a que regresara más tarde, pensé en los niños, en mis jefes, qué negativo seria para mí si supieran que yo le estaba dando la dirección a mis extraños. Y por supuesto pensé que tal vez me había traído la maleta. Cuando lo vi salir del elevador, confirmé sin entusiasmo que era él con un paquete pequeño y una caja de bombones. Mi intuición lo sabía. Me había estado asechando todo ese tiempo.

—Así que aquí trabajas—. Le contesté afirmando con una mueca.

—Te traje un regalo, ábrelo—me dijo.

Y abrí el paquete descubriendo el reloj suizo intacto, entonces enseguida le pregunté con nervios por el pasaporte y me dijo que quería hablar conmigo, que si estaba sola. Le pedí que se fuera, que a solas no podía verme y que llamaría al conserje o a la policía si no se iba.

—Ya te voy a traer la maleta. No seas dramática. Ahora sé dónde vives —dijo.

Aterrada, le respondí que yo iría a verlo, que no volviera nunca más por allí, porque haría que me despidieran y le rogué para que se marchara enseguida.

—¿Tienes un número a donde llamarte? —agregó.

Y no me quedó otra alternativa que dárselo. Una de las señales de sentirte culpable por lo que tu agresor te hizo es no hablar con alguien más de lo sucedido por vergüenza, o por no querer responder preguntas incómodas que siempre apuntan a que la mujer es o muy tonta o muy sumisa; lo que permite al individuo que su víctima siga consintiendo de alguna manera el abuso sin poder prevenir que las cosas terminen peor, especialmente y casi siempre para la mujer.

Durante los próximos días, los mensajes constantes preguntándome cuándo sería la hora exacta en la que yo iría, le iban contribuyendo algo al presentimiento que me decía que debía ir acompañada. Él me dijo que debía ir el día sábado a las 7 p. m., porque a esa hora la dueña del departamento estaría presente. No tuve a nadie a quien confiarle mi preocupación, el migrante tiene muchos conocidos pero pocas personas realmente interesadas en querer ayudarle con sinceridad, es como un intercambio de favores constantes, con intereses, o al menos la que no tenía a nadie en quien pudiera confiar realmente, era yo. Cuando llegué le dije que esperaría fuera, él me contestó que la dueña aún no llegaba, y habría que esperarla. Tomándome de la mano me condujo directamente a un cuarto que tenía tres camas literas. Al entrar en el departamento el olor a comida se hizo presente, de refilón vi a una muchacha que estaba en la cocina. De las camas literas colgaban sábanas como cortinas y de una de ellas vi salir a una pareja. Rápidamente se acomodaron las ropas ambos, mientras la muchacha le apuraba diciendo a su pareja:

—¡Rápido…! ¡Oye, anda, ponte en la puerta!

El joven salió apurado para irse a poner en el corredor, afuera del baño, donde al parecer otra pareja ejercía su derecho al baño.

Xavier me sentó en el filo de su cama, mientras me decía que debía buscar la llave del armario. Una pareja salía del baño y la otra entraba. Los que salieron rápidamente se arreglaron frente al espejo.

—¿Vas a ir a la discoteca con nosotros? —me preguntaron.

—Sí, ya vamos —contestó Xavier enseguida.

—No, yo vine solo a ver mi maleta —aseguré enojada.

Se miraron el uno al otro y se apuraron para salir del apartamento. Todo eso mientras golpeaban la puerta del cuarto de baño y anunciaban a los otros que ellos ya estaban listos y que se irían adelantando.

Cuando la pareja salió, velozmente como un gato Xavier cerró la puerta con seguro. Y volviendo se tumbó encima de mi cuerpo diciéndome lo mucho que me había extrañado, que yo le había hecho mucha falta, que quería presentarme como su mujer a todo el mundo, que había sido un idiota y que me veía cambiada y muy bonita, que quería llevarme a bailar, y también al altar como me hubo prometido desde que era casi una niña, porque yo era suya sin importar que hubiese estado con otro. Comenzó a besarme a la fuerza, mientras yo le pedía que me soltara, él alcanzó a besarme un seno y yo alcancé a zafarme una mano arañándole la cara entera, gritándole solamente que me dejara. Al verse herido me lanzó una cachetada y enseguida me tapó la boca ordenándome que me callara.

—¿No entiendes que te amo? Yo sí soy un hombre, no como el payaso por el que ahora te arrastras. Tú eres mía, ¿entiendes? Mía —dijo.

Enfurecida y con todas mis fuerzas lo empujé con mis piernas haciendo que su cabeza se golpeara con el techo de la cama litera; sacando mi teléfono para llamar a la policía, grité para que alguien afuera me ayudara. Él agarro el teléfono y lo estrelló lanzándolo contra la pared. Entonces se me acercó nuevamente:

—¡Está bien, cálmate! Te voy a dar la maleta y te largas.

Me levanté lista para correr hacia la puerta y él abrazándome por el cuello me tiró al piso. Al escuchar todo el ruido, imagino que la pareja del baño y la muchacha de la cocina gritaban por fuera golpeando la puerta para que Xavier abriera, pero él lanzándome una patada en las caderas se acercó al armario. Levantando su brazo agarró la maleta y la tiró tan fuerte hacia abajo, con tal puntería y mala suerte que esta cayó directamente sobre mi rostro, golpeando la rueda de plástico mi nariz. Solo sentí un crujido y enseguida me llevé las manos hacia la frente, traté de levantarme, pero al contemplar mi maleta toda llena de sangre comprendí que ya nada estaba bajo mi control, incluso si él hubiese tenido un arma lo próximo que vendría sería peor. Me quedé petrificada y luego empecé mi lamento. Se asustó y corrió por todo el cuarto, que se había convertido de pronto en un ring. Desde adentro, él les decía:

—¡Esta es una zorra que hizo que me botaran del trabajo, cuando lo único que quería es hacerla mi esposa! ¡Me dejó y nunca más supe de ella! ¡Todo esto es tu culpa! ¡Ya cállate, que te quejas como una puta a la que le estuvieran dando por el culo!

Y por fin abrió la puerta.

Solo a quienes se les ha roto el tabique pueden dar fe de lo que se siente en esos microsegundos. Sus palabras ya no dolieron. Con la adrenalina encima ya nada dolía ni por fuera, ni por dentro. La vida misma me estorbaba, sentí otra vez una infinita pena de mí misma. Entre mis ojos, que se iban hinchando poco a poco, vi salir una pequeña astilla del hueso nasal, la pareja me ayudó a levantarme del piso y al llevarme al baño, que estaba lleno de vapor todavía; cuando limpié el espejo para observarme solo pude ver mi cara ensangrentada. Enseguida les pedí que no dejaran que mi agresor se acercara y que me alcanzaran por favor mi maleta. Las dos muchachas me ayudaron a salir, mientras el muchacho pidiendo un taxi trataba de limpiar la sangre del equipaje. Me dijeron adiós sin saber qué razón darle al taxista. Le dije que había sufrido un asalto y como en las películas: que me llevara al hospital más cercano.

XV

Sin familia, sin amigos, sin visita...

Al ser indocumentada, me pusieron en lista de espera por tres ocasiones seguidas, siempre al final de todas las cirugías del día. Porque aunque no era una emergencia, tampoco podían botarme a la calle con el tabique roto. Fui perdiendo peso muy pronto, creo que no era solo que me preparasen para la cirugía sin comer desde mediodía y no operarme, sino que al parecer la partecita de ternura que me quedaba se quería morir de mi cuerpo. Estuve allí por dos semanas, extinguiéndome literalmente por dentro, me habían atropellado el espíritu. Durante el tiempo que estuve allí metida se sentía como si yo fuese un estorbo para el universo, buscando un cuerpo que ya no existía, no sé cómo sean los psiquiátricos pero lo que estaba viviendo se le parecía mucho. Vagaban miles de pensamientos por mi mente, pero yo a ninguno le abría la puerta, me avergonzaba de mí misma. Deambulaba por los pasillos con la mirada perdida, quería encontrar las razones que me llevaron tan lejos de esa muchacha risueña que se atrevía a todo en la vida. ¿Qué hice mal, por qué confié de nuevo?¿Por qué tanta necesidad como forastera de aferrarme a una maleta? Un día la patee con rabia y furia porque me rehusaba a abrirla, ni siquiera la enfermera lograba convencerme para que me cambiara la bata de hospital en busca de una pijama decente.

Una psicóloga vino y me dijo que esto de los robos era pan de cada día. No abrí la boca, y al mismo tiempo estaba harta de mentiras. Me tragaba todas las verdades y eso me consumía. Solo no quería hablar. Es realmente perturbador lo que una mujer agredida piensa. Quería castigarme a mí misma con los reproches que yo ya me hacía. Imaginaba abrir la maleta y encontrarme con la pijama aún cortada por la mitad, como lo pudo estar mi cuello un año y medio atrás.

¿Por qué no le grité más duro? ¿Por qué hay hombres que aún piensan que el discurso contra el feminicidio es solo asunto de marimachas ardidas? Cuando es cierto que podríamos morir fácilmente en manos de un macho que perdió la cordura o que solo extravió el sentido del humor al constatar el rechazo a su hombría. Así de sencillo y simple. Su fuerza no es la misma. Ni el nivel de confianza que una apoya en ellos. Recuperé en mi encierro el temor a la sombra de Barba Azul en mi cabeza, el problema es que ser víctima me quedaba horrible, le estaba dando todo el poder en cuanto a cómo sentirme, a un ser humano que a lo mucho podía con su vida… hacía falta ser una completa pelotuda para volver a confiar en alguien que quiso asfixiarme porque me creía una prostituta, de seguro nunca me conoció realmente.

Vi tantas personas y familiares visitando a sus seres queridos, todos se acercaban y me regalaban algo: una manzana, una gelatina, a veces un jugo de sandía. Al parecer mi vecina diabética se había encargado de repartir el rumor de que yo estaba sola en el mundo y todos me miraban con infinita tristeza. Pero podía sentir también sus afilados gestos entre ternura y desprecio por una señora que también era indocumentada, era filipina y tampoco quería hablar con nadie. La enfermera me dijo que se había caído en la cocina de un restaurante chino rompiéndose la clavícula, que hablaba poco italiano y que no tenía a nadie que viniera a visitarle. Que de seguro ya había perdido el trabajo, y de pronto en medio del chisme me preguntó por el mío. Lo había olvidado: los niños.

Le pedí a la misma enfermera que llamase a mi trabajo —era lunes por la mañana—que dijera que había sufrido un asalto y que yo estaba en el hospital, pero que por favor no les dijera en cuál, pues no quería que los niños vinieran y se asustasen viendo mis ojos de mapache que pasaron de morado a verde; y cuando al fin me operaron el tabique a la semana siguiente volvieron a ponerse aún más morados y más verdes. Hubiese sido para ellos una impresión demasiada traumática.

Recuerdo que la trabajadora social siempre se saltaba de mi turno pues decía que no había ningún contacto en mi ficha, y que no podría ayudarme a acelerar mi cirugía. A los dos días siguientes mis jefes me hicieron llegar con la *nonna* un nuevo teléfono para que los niños pudieran llamarme, pues el mío aparentemente robado ya solo marcaba apagado. Antonio al sentirme desaparecida, llamó a la muchacha peruana diciéndole que si era preciso vendría de Roma para buscarme. Lo llamé ese mismo día, apenas la *nonna* me lo comentaba y se marchaba regalándome una pijama que me dijo nunca había usado.

—No me busques —le dije a Antonio—. Yo no soy alguien que te convenga ahora. Tú estás estudiando y yo estoy aquí solo como una niñera. Te mentí con lo de mi maleta, en realidad la tenía mi ex...

No sabía si decirle, mi ex novio, mi ex pareja, mi ex conviviente de un mes, mi ex— así a secas, hasta para hacerlo sonar coherente me faltaron las palabras, y ya no quería ser la misma ilusa que se daba explicaciones en voz alta, así que le colgué. Le envié un mensaje luego, con un: *Siento mucho tener que ser yo misma.* Era mejor que no me buscara, no tenía que ofrecerle nada nuevo.

No fue sino hasta el séptimo día que Antonio se apareció en la puerta de la habitación de visitas con la *nannie* enfermera. Quien tuvo que conseguir la dirección de la propia *nonna*, porque en ningún hospital de la zona, ni valiéndose de sus amigas enfermeras le dieron razón de una latina. Él me besó la frente, como alguien más un día lo hizo. Para hacerme sonreír le confesó a la muchacha que yo había sido la única chica con la que él había salido que no estudiaba nada con referente a la medicina, sin embargo conocía de una manera precisa en donde se encontraba la glándula pituitaria y que le encantó la forma tan científica como yo le había hablado de los chakras. Que al contrario de todo pronóstico yo le resultaba divertida, controversial y por supuesto muy artista, el match perfecto para su vida de medicina demasiado aburrida. No quería reírme. Él era muy inteligente y amable. No sentía que nadie mereciera una compañía tan dañina. Al menos ese día no parecía un mapache. Para entonces era sábado, había transcurrido una semana entera. Después de hablar con varios médicos logró que me pusieran primera para la operación del día siguiente.

Le pedí a mi conocida un inmenso favor que Antonio escuchó muy atento, consistía en llamar a mi madre como de costumbre cada domingo, y que ya debería estar preocupada, puesto que con o sin dinero yo siempre me las había ingeniado para llamarla. Que por favor la contactara de mi parte explicándole que yo estaba en algún lugar de vacaciones con los niños, sin línea telefónica por dos semanas. Todo por no preocuparla.

El domingo antes de entrar al cuarto de operaciones estuvo Antonio conmigo y luego me dijo adiós a través de la ventana. Tenía que estar en Roma el lunes y me prometió que vendría el miércoles cuando me dieran el alta. Es tan atento conmigo, me dije, se preocupa por mi situación y de a poco debo confesar, se estaba ganando mi corazón. Pero lo malo del amor es que no espera, sigue allí metido, testarudo y necio. No medita en lo que le conviene ni razona o negocia en lo que tiene que dejar ir, sacarlo de adentro y dejarlo ir con el viento. Debía poner cada pieza en su sitio para poder continuar con mi vida. Debía extirparme ese sentimiento que yo guardaba todavía por mi recordado artista. Y eso dolería mucho más que la cirugía que venía.

XVI

Quiero más anestesia

Huelo su perfume, no puedo moverme. Sus caricias van subiendo de tono. Segundos antes sonrió al ver mis fotos en la pared, preguntó por mi colección de sueños y amistades regados por cada esquina de mi alcoba. Le interesa saber en qué punto de la infancia me puse tan loca. Es verdad, al fin estamos solos en mi casa, en mi habitación. Mi madre y todos se han ido a otra provincia de paseo. Estamos solos y enamorados, a punto de encontrarnos después de muchas vidas y muchas muertes. Fuimos al museo aquella tarde para ver las manos de Guayasamín. Esas manos que desde entonces se han dedicado a arrancarme los recuerdos de la espalda a pedazos. O es eso o es la anestesia, me duelen las caricias que van brotando en mi cuerpo. Mi gato está en la cama con nosotros, mirando. Atento a cada movimiento, juguetón y travieso. Confía en él, le agrada. Nunca lo vio tocar la guitarra, pero se da cuenta que me tiene completamente perdida entre sus manos. Sus manos cálidas y protectoras.

Sus manos. Las miro y tiemblo, las deseo en mi cuerpo. Sus manos de artista que se extiendan en mi lienzo. Libre de intentos y tachones. No ha tenido borrones, ni misterios. Son sus manos las que he elegido en absoluta libertad, yo diría enamoramiento pero era más bien el empoderamiento de mi espacio y darle gusto a mi propio deseo. Unas manos que hacen música entre mis cabellos, manos que crean esculturas que se tocan sin importar el tiempo, manos que me sostenían el alma cuando las entrelazaba con las mías en el autobús. Una de sus manos se ha escapado desde mi cintura subiendo por debajo de la blusa directamente hacia mi seno. Se piensa mi dueño. Me estremezco. Mi cuerpo solo busca el rose de su cuerpo.

Los besos no paran, son más profundos y reales. El asunto es más serio, es cuestión de carne. Sus manos continúan dibujando sonrisas inciertas en mi boca. Me ha tocado los senos y las prendas de ropa ya solo nos estorban. Apago la luz, no quiero que me vea al desvestirme. Yo tampoco quiero verme a mí misma como una loba. No todavía. Me fumaré un cigarro primero y luego le diré que no lo quiero. Mientras se desviste él no lo nota pero se le ha caído el corazón. El gato de un zarpazo lo ha atrapado y lo arrastra aún latiendo por debajo de la cama. Lo espero tendida, inmóvil, como lo estoy ahora. Nada en mi cuerpo responde. Siento que se recuesta y me abriga con su sombra. Es más grande su cuerpo que el mío, pero se ajusta perfecto a mi espíritu que desde siempre lo espera. Estoy convencida que nunca me faltarán los abrazos ni los besos, pues mi frente le coincide en su barbilla para besarme. No sabe lo que hace y me besa siempre que puede la frente. Me ha ido matando el abandono. Me protege inclusive cuando al caminar por la calle me guía a hacerlo por el lado interno de la vereda. ¿Se habrá dado cuenta de lo que hizo conmigo? Me dio demasiado cariño.

Le abro mis piernas sutilmente y él lo aprovecha. Es el segundo intento, me había dejado el interior todavía puesto y el sutilmente me lo retira. Soy un desastre de nervios, mi corazón late a mil por hora. Se aproxima mirándome entre las tinieblas buscando mi calor, la llama prohibida se enciende y lo espera en mi caverna. Lo siento por dentro, me quema su fuego. Siento su voz, sus venas y arterias, su respiración que también se agita, sus acordes favoritos, sus inseguridades, su ritmo, sus caderas. Me besa y besa los senos que ahora son suyos, y lo hace con total delicadeza. Es una cacería de movimientos que de a poco se aceleran. Me libero en gemidos nunca escuchados por mi propia piel y que no cesan, solo escucho un *"mojándolo todo"* que va destruyéndome de algún modo la pureza.

Y ahora los gemidos se salen de mi cabeza. Los escucho llamándome. Creen que se les fue la mano con la anestesia. Mi cuerpo tiembla y siente el frío de la muerte. Escucho a Aute y a Sabina a lo lejos. Vienen por mí. Me separan de mi dulce amante. Me deja perdida. Y la pequeña cirugía termina. Lo sé, debo volver a una realidad sin su compañía. Lo estoy recordando demasiado, debo darle un ultimátum a su olvido. Me duele en el alma su vacio. Sé que lo llevaré conmigo siempre, me dejó pedacitos de su ser que aún me recorren por dentro. Abro uno de mis ojos y entonces las enfermeras despreocupadas esta vez se alejan.

—*Tutto benne, si e svegliata. E carina questa! Eh!(Todo bien se ha despertado)*

No sé donde me encuentro pero todos hablan en italiano. Muevo los dedos de mis pies despacio, pero mis brazos por debajo de una manta siguen congelados. Mi cuerpo tiembla entero, hace rechinar las camillas. Me llevan a un cuarto más cálido, pero sigo sola. Dicen que los lugares en donde se puede realmente conversar con la Fuente Divina son el cementerio, los hospitales, y la naturaleza misma. Nadie que experimente el dolor y el misterio de la muerte menciona a las iglesias. ¡Qué extraño! Quise entonces aprovechar el momento y hablarle:

Gracias Dios por despertarme, aunque no lo mereciera. Pensé en salirme con la mía, pero tú sabes que en verdad sí lo quería. Lo que no quería es recibir rechazo de su parte si de mí él se hubiese cansado, y terminé despidiéndome de su cariño por no saber amarme. No quería que me abandonase como… mi .. Y en ese instante interrumpiéndome el Creador me dijo:

"YO SOY TU PADRE, y habito en todo lo que ves y tocas". Los árboles, el aire, los ríos, las aves, el sentimiento que vive en las almas de los tiernos amantes. Perdona al hombre que ha creado las fronteras, y las inseguridades de aquellos que como tú se aferran a las migajas de cariño o un pedazo de tierra. Perdona a tu padre y a tu madre, son solo tus compañeros mayores que fueron parte de una estrategia para formarte en el camino y compartir tu misma senda. Aprenderás de ahora en adelante, a quererte semidiosa pero imperfecta, en la medida en la que el amor por otros seres te lleve a la perfección divina de darte entera. Tu nariz sanará y tal vez creas que cambie tu fachada externa pero la lección aprendida es saberte valiente y guerrera. Hermosa, contradictoria y terca, tengo que reconocerlo, que a veces te me auto saboteas. Vuelve a ser feliz sintiendo el aquí y el ahora, yo no envié a nadie a casarse con nadie; eso lo hicieron las religiones y las iglesias. No hay mayor pureza en el cuerpo de una doncella que su alma bondadosa desbordando alegrías y acompañando con su sabiduría a un hombre que también evoluciona en el servicio, en la siembra y en la cosecha de la luz verdadera por toda la faz de la Tierra. A los necios que pretendan herirte de aquí en adelante al querer utilizar tu cuerpo como un recipiente que se llena solo con sus deseos, castígalos sin regalarles tu presencia. No te preocupes de aquellos que golpean, serán puestos en el mismo sitio de prueba donde la vida misma los azota sin pausa y sin tregua. No hay canjes ni recibos, solo el amor que se hace conmigo tan definitivo e imperceptible como el sutil aleteo de una mariposa. Caótico, complejo e impredecible; pero al mismo tiempo la Fuente de todas las cosas, la alegría de los campos de girasol desde donde te escuché anhelando por risas en tu boca, eso es lo único que debe preocuparte desde ahora. Quiérete y ámate para que los que se quieren y se amen coincidan en tu camino de vuelta a casa. Mi casa, mi morada que no es otra que la paz infinita en armonía con todo lo que te rodea. Que no toma más de lo que necesita y devuelve en cambio flores a la tierra en cada primavera. La vida es un suspiro, no te compliques por cambiar el paisaje ahora. Recórrelo con los ojos abiertos, consiente de cada movimiento. Recuerda que el vacio de tu corazón, no lo podrás llenar huyendo a otras tierras. La felicidad eres tú y te espera. Ve tranquila, yo te cuido como siempre desde que eras una niña. Caminas con mis ángeles, ellos te sacuden el polvo cuando caes, te levanten y te empujan. Sigue caminando con ellos, abre los ojos de tu alma y me encontrarás en cualquier momento y en todas partes".

Mientras su luz se aleja, le susurro: Dios, hablando de ángeles revisa en la maleta, debe haber un ángel encerrado en mi CD del señor de las copas. Llévatelo, no lo quiero. Que vuelva contigo. Si el susodicho hubiese querido decirme algo, no me habría dejado partir y menos habría dejado ese bicho para que me hablase. Me río y me duele desde el labio superior incluyendo los dientes y la sonrisa misma. Ese ángel debía irse junto con el silencio de quienes no me consideraron lo suficiente para quedarse a mi lado. Era hora de ir diciendo adiós a todo lo que me lastimaba y estaba fuera del control de mis manos. Adiós a mi necesidad de seguir considerándome una víctima que le ponía la carga a un hombre, que no podría ni con la suya. Necesitaba rebobinarme toda. Reinventarme y hacer un recuento de las promesas que me incumplieron aquellos que me vieron crecer desde niña. Me había traicionado dándole el control de mis vacios a otros. Debía ponerle una velita a esos amores muertos de cobardía compulsiva.

XVII

La fruta madura

Desde la ventana interna de mi cuarto de hospital se podía ver claramente un árbol de caquis, nunca en mi vida había visto su fruto. Se encontraba en el medio de un pequeño jardín, al lado de la capilla. A veces las enfermeras recogían los frutos que se encontraban maduros y se los metían velozmente en los bolsillos. El jardín tenía una banca a la cual iba a sentarme para que nadie me hiciera más preguntas incómodas a la hora de todas las visitas. Cayó un fruto a mis pies, lleno de pequeños gusanos. La curiosidad por probarlo era inevitable, así como todo lo que me llevó a hacer ese viaje. Hice los gusanos a un lado y probé un pedazo del fruto pellizcándolo un poco y poniéndolo sobre mi boca. Fue una sensación liberadora, ya podría irme en paz de esa vida. Tenía un yeso encima pero la fruta me resultó divina. Lo entendí todo. Disfruté tanto del viaje intenso que hice hacia el centro de mi ser porque la fruta extrañamente resultaba atractiva para los gusanos no porque estuviera podrida sino porque era dulce como la miel, y estaba madura. Estaba lista para ser consumida, tan tentadora y prohibida.

Han pasado los años y me he puesto a recabar información acerca de la palabra virgen y por mucho que el uso del internet ahora nos resulte más accesible, debo mencionar que existe información más extensa y a veces demasiado exhaustiva desde el idioma inglés en comparación de el español, lo que representa un adoctrinamiento cultural intencionado que ha resultado para la mujer una verdadera pesadilla dentro de una cultura dominada totalmente por la religión patriarcal y machista. Etimológicamente a "virgin" se le atribuyen dos orígenes propios del latín y del griego desde donde viene la traducción que le concierne a todo buen cristiano: es decir desde el nuevo testamento que obliga a escribir la palabra Virgen con "V" grandota y en mayúsculas para relacionarla por supuesto con María y virgen con minúscula a todo lo que a ella como mujeres nos compete, por no decir nos somete. La traducción viene del latín "virgo" que significa simplemente joven, inocente, niña. Pero la biblia antes que el latín fue primero traducida del hebreo al griego en el cual se utilizó la palabra "parthenos = parqevno" que significaba explícitamente una mujer que no ha tenido relaciones sexuales. Y hasta la RAE graciosamente explica que virgen es dicho de una cosa que no ha servido aún para aquello a que se destina.

Pero lo que no se menciona es que en todas las traducciones de la biblia siempre existió alguien que le metía mano al asunto a conveniencia de los poderosos de la época. No se cita por ejemplo que la palabra "ALMAH" que es la que se utilizaba para referirse a una mujer de corazón puro, en términos generales a una mujer joven, —independientemente de si fuese virgen o no—. Es decir si se hubiesen traducido los escritos de Isaías que mencionan dicha palabra directamente del hebreo al castellano nos encontraríamos con que virgen significa solo JOVEN y no la connotación de pureza máxima que la iglesia quería introducir a toda costa para desmedro de la mujer. Pues había que asegurarse que el concepto de la Virgen María madre de Jesús viniera de una mujer totalmente casta y pura, libre de cualquier independencia o dominio en su propia sexualidad.

Lo único cierto es que María no fue la única deidad virgen que se convertiría en Reina del cielo, la diosa Madre y las ceremonias hacia ella datan del neolítico con el descubrimiento científico de las Venus prehistóricas y el culto a la fertilidad. Cabe destacar como hecho sorprendente y por demás divulgado últimamente que hace cinco mil años en Mesopotamia la diosa virgen que fuera considerada madre de todas las diosas: Semiramis proclamaría el nacimiento de su hijo Tammuz como salvador de la humanidad un veinticinco de diciembre; haciéndose llamar Baalti (mi señora, esposa de Baal) y que a través de la historia han ido apareciendo a raíz de este rito babilónico muchas deidades más, como: Isis y su hijo Orus en Egipto, Afrodita y su hijo Erospara los griegos, Virgo partitura para los druitas, Indrani y su hijo Krishna en India. En italiano Baalti (mi señora) se traduce al latín como "Mea Domina" y posteriormente al italiano como Maddona basando entonces el culto cristiano sobre un rito pagano de adoración a Baalti, representada a veces con alas como una fénix o una diosa alada pues cuenta la historia que cuando murió ascendió al cielo en forma de paloma. Extraño y conocido, ¿verdad?

Pero para mi gusto particular la connotación que mas me fascina del concepto de virginidad es la que considera la escritora Monica Sjoo en su libro *La Gran Madre Cósmica* en donde nos señala que la palabra virgen también se deriva de una raíz latina: "vir" , que significa fuerza, poder, habilidad. Ya que a las antiguas sacerdotisas lunares se les llamaba vírgenes, refiriéndose a su independencia sexual ignorando su castidad. Mujeres míticas y guerreras que usaron la divinidad como defensa para mantener el poder y control sobre sus pueblos atribuyendo a sus hijos las cualidades sobrenaturales para que no perecieran en manos de aquellos hombres que armaban guerras y matanzas. En la wiki podemos corroborar miles de creencias asesinas alrededor de la virginidad como el *namus* en Afganistan que delimita el valor de un varón por el *namus* de todas las mujeres de su familia. Es decir si alguna de ellas es violada, el hombre puede incluso matarla o invitarla al suicidio para limpiar el honor de toda su familia. Pero al mismo tiempo el Corán promete a los suicidas en nombre de Alá ganarse un paraíso con veintisiete jóvenes vírgenes. Y la más escalofriante de todas es la mutilación genital femenina que se practica en veintitrés países y que consiste en cortarles el clítoris y coser los labios internos de la vagina a tres millones de niñas por año según cifras oficiales dadas por Amnistía Internacional.

El cuerpo de las mujeres se convirtió entonces en su propia lucha interna y un campo de batalla a lo largo de todos los tiempos, agradecí el poder viajar y conocer puntos de vista diversos y entendí que la figura piadosa y de castidad que a fuerza nos enseñaron en las escuelas y colegios necesitaba ser quemada en la hoguera de mi propio concepto de valor que me fue otorgado, para darle paso a un amor infinito hacia mi propia piel y mi propia sonrisa. Comprendí también porque había amado tanto a mi primer hombre, porque con su dulzura fue capaz de abrirle el deseo a mi propia carne sin recelos ni arrepentimientos, pues me hizo sentir tan plena y segura. Por eso lo recordaba con cariño e insistencia. Pero necesitaba dejarlo realmente libre de mis pensamientos, si yo en verdad no le valía la pena y llenar mi cuerpo con arte, con música, con literatura y danza. Con un lenguaje que gritara en cada poro que aún estaba viva y que me convertiría no solo en la actriz protagonista de mi vida sino en la escritora de una nueva historia que ayude a borrar la que ya se viene contando por años y que puede ser cambiada en la medida en que las mujeres conozcamos que nuestro valor no reside en una membrana sino en el coraje de vencer al mundo y la resiliencia de levantarnos cuantas veces hagan falta para demostrar nuestra ternura pero también nuestro poder creador que sobrepasa cualquier límite, cualquier dolor y cualquier pérdida, en la medida en que nos cobijemos unas a otras con tolerancia y verdadero autoconocimiento. Enseñando a nuestras hijas no un concepto de despilfarro y total entrega al experimento de la carne sino mas bien conocer y enamorarse tanto de sus cuerpos que se conviertan en templos que sean venerados por su propia inteligencia emocional y la alegría de danzar siguiendo sus instintos y premoniciones como unas brujas desnudas bajo la luna.

Sacerdotisas poderosas que curen corazones heridos con compasión y lucha, que recojan sus huesos rotos por los valles de la historia. Arquetipos de siembra, cosechadoras eclécticas del conocimiento de la Madre Tierra. De esas brujas que como yo, no se rendirían nunca en el suelo sino más bien iría conociendo la historia de mis antecesoras y sanando generaciones enteras con la ayuda de la palabra. Me iría reconociendo también como una vieja loba que le entregaba al mundo parte de mis heridas para reconocernos y atraernos todas como los girasoles o imanes poderosos hacia nosotras mismas. Y por supuesto encontrar en el camino a quien realmente fuese el indicado.

El día anterior de que me dieran el alta del hospital *Fai del bene ai fratelli (Haz el bien a tus hermanos)* había yo decidido por fin organizar mi maleta ensangrentada y decirle adiós a muchas cosas para iniciar una nueva vida, lloré despidiéndome de ese viaje y de todos los infortunios, agradeciéndoles por ser maestros de tanto aprendizaje adquirido. Me recosté pensando que nunca más volvería a sentirme tan vacía para querer rellenarme con mala compañía. Debía dejar todo atrás y empezar de nuevo a tomar mi rumbo. No sabía muy bien cual sería. Estaba obscureciendo y las visitas se habían marchado. La enfermera llegó casi corriendo y con una sonrisa de oreja a oreja en sus labios, me dijo:

—*La tua mamma è venuta a trovarti, appena arrivata dall'aeroporto*

(Tu mama a venido a verte esta recen llegada del aereopuerto)

Al momento siento una presencia que atravesó la puerta y se acercó a mi cama. Me cubrió con una manta diciéndome:

—Mi amor chiquito, al fin he llegado.

Es mi madre, ¡No puedo creerlo!. Apenas supo por Antonio lo que me había sucedido, tomó el primer vuelo y cruzando el océano llegó a tiempo para llevarme de vuelta a casa. Mi madre, tan libre y guerrera que de seguro morirá soltera. Mi madre, mi ángel, mi portal de vida. Lo dejó todo y se vino enseguida al rescate de su hija. Me pareció verla inmensa y poderosa como la figura de la Virgen del Panecillo, también conocida como la Virgen de Quito abierta sus alas y lista para el vuelo, soberana, protectora y apocalíptica; ya que juró despertar para hacer las cuentas con la serpiente pecadora que mantiene encadenada bajos sus pies. Tan graciosa y serena. Inmensa e infinita como la calidez que encontré en los brazos de mi propia madre buena aquel anochecer.

Al fin la trabajadora social tenía un contacto. Nos consiguió un albergue temporal por dos semanas mientras yo me iba organizando y recuperando. Cuando me quitaron el yeso fuimos a despedirnos de los niños que no querían ni soltarme. Fue difícil no debo negarlo, fui muy poco profesional, les quería tanto. Viajamos con mamá a Venecia y finalmente a Roma, fuimos a agradecerle a Antonio por todo lo que representó en esos confusos momentos de mi vida. No le importaría perderme con tal de que yo viajara de vuelta y me encontrara a salvo de ese que no era mi mundo y que yo me empeciné tanto porque así lo fuera. Recorrimos el Coliseo, la Capilla Sixtina y la Fontana di Trevi. En sus ojos se veía la tristeza, pero también la alegría de verme al fin segura; al lanzar una moneda a la fuente al parecer él tenía un deseo escondido. Un año más tarde después de que él concluyó su carrera vino a mi país a confirmar lo que por cartas ya nos habíamos dicho: "Quiero estar contigo". Y yo que ya me había dado por atea y creyente del buen Sabina le dije "No permita ESTA virgen que tengas poder"

AGRADECIMIENTOS

Mis agradecimientos van por supuesto para mi Creador, y Padre Eterno que siempre me acompaña y envía de sus ángeles para protegerme. A mi madre por su esfuerzo y el don de la escritura que me vino con la genética también regalado. A mi hermana que desde algún lugar mágico me observa y me recuerda que aún hay vida por delante. A mi padre físico por ser un instrumento de canto a la vida.

A los miles de hermanos ecuatorianos que se encuentran fuera de casa y que recuerdan con añoranza nuestro país, mi abrazo y reconocimiento por su esfuerzo y dedicación para enviar las remesas que salvaron en su momento la economía de nuestra patria.

L ola nace en Ecuador en 1980. Realiza estudios en la Facultad de Artes de la Universidad Central del Ecuador, donde obtiene el título de Licenciada en Artes Escénicas en la especialidad de Teatro. Ha vivido en cinco países diferentes y habla italiano e inglés. Ha manejado la poderosa visión del grupo, la belleza de la diversidad y la importancia de construir comunidades fuertes. Lola participó en varios proyectos gubernamentales centrados en grupos vulnerables. Su formación en los últimos años en un país extranjero se centra en el trabajo comunitario, *art therapy* y *coaching*.

Lola cree que las artes y las letras son un increíble lenguaje de amor porque no hay una sola forma correcta de escuchar, hablar o tener una conversación. Hay miles, pero las podemos escuchar siempre desde el corazón.

Índice

Enlaces de Contacto con la autora

Facebook

https://www.facebook.com/lolyta8a

Canal de Youtube

https://www.youtube.com/

https://cutt.ly/AfCAmRV

Email

lolyta.8a@gmail.com

Instagram

@lolyta8a

Portada

https://wwww.facebook.com/roussestudiocreativo/